# SOUVENIRS DU CONGRÈS

## POUR LE

# DROIT DES FEMMES

## TENU A PARIS

## EN AOUT 1878

## PARIS

### AUGUSTE GHIO, ÉDITEUR,

PALAIS-ROYAL, 28, GALERIE D'ORLÉANS

—

1879

# SOUVENIRS DU CONGRÈS

## POUR LE

# DROIT DES FEMMES

### tenu à Paris en 1878

# SOUVENIRS DU CONGRÈS

POUR LE

# DROIT DES FEMMES

tenu à Paris en août 1878

PARIS

AUGUSTE GHIO, ÉDITEUR

PALAIS-ROYAL, 28, GALERIE D'ORLÉANS

1879

# SOUVENIRS DU CONGRÈS

## POUR LE

# DROIT DES FEMMES

### tenu à Paris en 1878

----

## LE CHRISTIANISME

### ET

## LE CONGRÈS DU DROIT DES FEMMES

----

### I.

Il est une religion que nous entendons souvent louer pour sa prédilection envers les humbles et les petits, gens parmi lesquels on range assez volontiers les femmes. Et il est certain qu'à ne consulter que la tournure d'esprit de son fondateur ainsi que la plupart de

1

ses préceptes, aucune religion ne mériterait
mieux ces éloges. N'est-ce pas lui, en effet, qui
a dit : « Laissez venir à moi les petits
enfants » ? et la femme est-elle à beaucoup
d'égards autre chose qu'un être dont on a
prolongé l'enfance ? — N'est ce pas lui qui a
dit encore : « Il sera plus difficile au riche
d'entrer au ciel qu'à un chameau de passer
par le trou d'une aiguille » ? et le riche n'est-il
pas l'homme, sans parler des lois anciennes
qui ont reconnu à lui seul le droit de propriété,
ni des lois actuelles qui reconnaissent à peu
près à lui seul l'exercice de ce droit par l'organisation des divers régimes matrimoniaux ?
Le riche n'est-il pas l'homme, seul en pos-
session de ses pleines facultés intellectuelles
qui en définitive créent la richesse ; le riche
n'est-il pas cet homme dont Aristote (un des
organes de la sagesse humaine ou masculine)
a pu dire qu'il est fait pour produire et la
femme pour conserver ? — Le fondateur de
cette religion n'a-t-il pas dit enfin : « Heureux
les simples d'esprit ! » et la femme n'a-t-elle
pas pour privilége cette simplicité à défaut
d'autre, alors qu'au XIX<sup>e</sup> siècle nous applau-

dissons à tout rompre ce pamphlet sanglant des *Femmes savantes* de Molière ?...

Nous comprenons donc que le christianisme ait été considéré comme un agent de réhabilitation pour la femme, qu'on se soit autorisé de son nom pour adoucir la situation de nos compagnes et les ranger parmi les créatures dignes de commisération et même de sympathie. Nous le comprenons à la rigueur, bien qu'à la vérité, les idées de Jésus telles que nous les rapportent ses interprètes les plus autorisés et telles que la critique historique ne se refuse pas à les admettre, aient fait allusion plutôt à un monde supraterrestre et idéal qu'à la vie de chaque jour. Quelle est la théorie en effet qui n'ait de l'influence sur les rapports quotidiens et les conditions sociales, tout en ne se réclamant que d'un avenir céleste ? la force des choses elle-même transforme les conceptions les plus métaphysiques en les rattachant à cette terre et leur donne une application primitivement inattendue. Et, pour dire toute notre pensée, peut-être bien que si la question de l'infériorité d'un sexe relativement à l'autre sexe avait été posée à Jésus, peut-être bien que celui-ci eût répondu comme il l'a fait pour la question de l'impôt : Rendez à César ce qui est à César ! Mais, heureusement ou malheureusement, cette question ne lui fut pas posée, et de là, de cette absence de dogmatisme qui caractérisait le Crucifié en cette matière, comme du reste en beaucoup d'autres, put sortir sans trop d'étrangeté une école de progrès toute favorable au sexe faible ; de ce qui n'était qu'une tendance, nous dirions presque une affaire de tempérament, les libéraux chrétiens purent tirer des propositions inconnues à l'antiquité brutale, et se poser au nom de l'orthodoxie comme défenseurs d'une classe qui n'était entrée que très secondairement dans les préoccupations du Nazaréen.

Aussi avons-nous vu, avons-nous pu voir sans étonnement dans le congrès pour le droit des femmes qui vient de se tenir à Paris M^{me} G. prôner un retour au christianisme primitif pour atteindre le but poursuivi par ses auditeurs, et adjurer l'assemblée féminine de revenir à dix-huit siècles en arrière comme le moyen le plus sûr d'arriver à la Terre Promise de son émancipation.

A notre tour nous adjurons les membres de cette assemblée, dispersée maintenant, d'arrêter un moment leur résolution avant de suivre l'éloquence entraînante sous le charme de laquelle ils ont été tenus, et d'écouter sans prévention quelqu'un qui n'est pas *des leurs,* mais qui ne parle qu'au nom de la raison et à leur raison. Nous les adjurons de repousser cet appel à des croyances d'un autre âge que nous croyons funestes à la fin qui leur est chère et qu'ils poursuivent avec autant de courage que de sincérité !

Si nous leur démontrons que dans cette religion, respectable à d'autres titres, nous le voulons, et abstraction faite bien entendu de ses abus et des perversions qu'elle a pu subir à travers les temps, car nous ne sommes pas portés à prendre les questions par le petit côté ; si nous leur démontrons que dans cette religion il est un principe inéluctable qui voue la femme à la domination de l'homme, et cela sans aucun espoir d'atténuation, sans que rien au monde y puisse changer ; si nous leur démontrons que cette religion est fondée sur l'inégalité radicale des deux sexes, tellement qu'un autre aboutissement serait pour elle un suicide, la lumière sera faite sur le parti à prendre entre les diverses voies qui paraissent faussement conduire au même but. Nous saurons ce qu'il nous faut faire en même temps que ce qu'il nous faut désirer, nous saurons ce que nous ne voulons pas en même temps que ce que nous voulons, et plus jamais le vers du poëte latin ne nous sera applicable

> ... Video meliora,
> Deteriora sequor.

remarque qui explique, hélas ! tant de chutes et de retards dans la voie du progrès.

## II.

Jésus, ce fondateur conscient ou inconscient de la religion qui porte son nom, eut quelque part un mot, depuis devenu proverbial et dont lui-même ne soupçonnait peut-être pas toute la profondeur. « Nul n'est prophète en son pays ! »

s'écria-t-il un jour, en voyant l'indifférence
dont il était l'objet dans sa ville natale. S'il lui
a été donné à ses derniers moments d'assister
à sa propre agonie, et de faire le compte de
ses disciples présents au pied de la croix, avec
quelle force de vérité avec quelle intensité
d'amertume n'aura-t-il pas dû soupirer encore :
Nul n'est prophète en son pays ! dans son
exclamation de reproche pour l'abandon où il
était laissé, confondant ainsi avec son père
éternel ses fils adoptifs !

Selon une tradition contre laquelle rien ne
prévaudra sans doute, des femmes seules
assistèrent à ce premier évènement du christianisme. Et l'être qui gisait sur la croix n'était ni
leur fille, ni leur sœur ni leur mère ! Des
femmes seules suivirent jusqu'au bout dans sa
prétendue mission celui qui n'avait pu choisir
parmi elles ses amis ni ses compagnons. Et ce
faisant elles continuaient le rôle qu'elles avaient
déjà joué, Jésus vivant, en lui fournissant les
plus touchants épisodes de son histoire sous
le nom de Marie et de Madeleine : et ce
faisant encore elles préludaient, dès l'aurore
du nouveau culte, au rôle prépondérant que

leurs semblables devaient jouer dans son
avènement définitif. Car il n'est pas à nier
que sur ce terrain le cœur féminin ait trouvé
des énergies qui s'étaient rarement manifestées
et, nulle part ailleurs mieux que par le
martyrologe la femme ne prouva son droit à
la vie et au soleil, s'il est vrai que bien
mourir soit aussi difficile que bien vivre. —
Sous cet aspect le christianisme ne peut
manquer d'apparaître comme une phase remarquable et décisive de l'émancipation que nous
cherchons : que du reste elle ait été nécessaire, c'est ce que nous ne savons; qu'il ait
été besoin d'un soi-disant rédempteur pour
attirer et exalter jusqu'à lui celles qui n'étaient
pas du bois dont ils sont faits (qu'on nous
passe l'expression) ou pour surexciter jusqu'à
l'enthousiasme fécond des âmes endormies,
par le prestige des contraires; qu'il ait été
besoin d'un Jésus pour faire des saintes, et
d'un crucifié pour faire des chrétiennes, —
c'est ce que nous ne saurons probablement
jamais, à moins d'admettre comme article de
foi que nul n'est prophète en son pays.

Mais, de grâce, que l'importance de l'évolution historique ne nous fasse pas oublier ce qu'elle doit avoir d'essentiellement passager ; que cette révélation... des puissances de la femme ne leur devienne pas un obstacle par le vice même qui y est inhérent, que l'instrument de progrès, si admirable qu'il ait été, ne marque que le premier pas et non le dernier sur la route de l'avenir ! Cet instrument, sachons le briser ou l'abandonner à temps, s'il est funeste ; le vice qu'il recèle, sachons l'avouer ; si favorable qu'ait été la crise, prenons-la pour ce qu'elle est, une crise.

Eh bien, je le demande à tout homme et, cette fois, à toute femme de bonne volonté : UN DES DEUX SEXES SAUVÉ PAR L'AUTRE, EST-CE LA UNE ASSISE POUR LEUR ÉGALITÉ ? Q'on entasse arguties sur sentiments, théologie sur histoire, il faudra qu'on réponde à cette question prise aux entrailles mêmes des choses, rarement posée peut-être en ces termes, mais virtuellement résolue et par la négative dans l'âme de chacun de nous, hommes, que nous le sachions ou que nous ne le sachions pas. — Le Golgotha qui devait être la première pierre du temple élevé à la fraternité humaine, scellait au contraire l'infériorité

1.

de la femme, qui se retrouvait à jamais dessous
et en bas pour n'avoir pas été dessus et en haut.
Dans le dénouement du calvaire, il y a plus que
la race déchue de sauvée, il y a une nouvelle
déchéance pour la moitié de cette race, qui s'age-
nouille, hélas! déjà la première comme pour une
longue servitude devant son maître sacré roi de
nouveau par le martyre. A travers cette *passion*,
j'en entrevois bien une autre, séculaire, celle-là
imposée, eh! mon Dieu! au nom de la première,
par la loi de la compensation, par la loi de
l'orgueil, par la loi de la force, par la loi de l'é-
goïsme. Qui dira ce qu'en chacun de nous la
légende de la rédemption (toujours bonne à
présenter aux autres alors que nous n'y croyons
plus) a autorisé de dénis de justice, et de con-
damnations sommaires à l'égard de la femme?...
Nous l'avons écrit, et nous le répétons; dans la
prédication de Jésus il y a des horizons nouveaux qui semblent s'ouvrir à la classe que
nous défendons; et lui-même, en mourant pour
le salut de tous, ne faisait pas de distinction de
sexe. Mais il y avait quelque chose de plus fort
que la bonne volonté de Jésus et que son vaste
amour pour les créatures raisonnables, c'était

sa nature humaine, son genre mâle, sa qualité
de *Fils* de Dieu. On a disserté sur le sexe
des anges, jamais sur le sexe de Jésus. (1)
Cette réflexion, que nous faisons sérieusement,
pourra paraître puérile aux gens superficiels,
parce qu'elle rappellera les puérilités scolas-
tiques du moyen âge dans une question dont
on ne voyait alors que l'aspect théologique ou
liturgique et non l'aspect social : nous faisons
bon marché du premier, mais quant au second,
qui niera qu'il ait de l'importance dans les revendications des deux sexes en conflit? Quoi !
il serait indifférent qu'une mission pareille à
celle qu'éveille l'idée d'un rédempteur (en admettant qu'une rédemption fût possible) qu'une
pareille mission fût le fait de ce sexe-ci ou de
celui-là, ou bien des deux? Et si l'un est

-----

(1) La seule chose qu'on ait discutée, à notre connaissance, c'est, à propos de la génération de Dieu le
Fils par Dieu le Père, la question de savoir *si celui-ci
avait une femme*, question dont l'énoncé seul scanda-
lisait les Athanase et les Hilaire au IV<sup>e</sup> siècle. Mais,
dans le débat soulevé par la secte arienne, tout le
monde était d'accord sur le point qui nous occupe, et
les termes dans lesquels il se posa le prouvent assez.

préféré, vous pensez qu'aucune conséquence n'en sera tirée par la conscience religieuse ! Une telle conclusion irait contre toutes les données de l'histoire. — Le Christ, qui s'annonçait ailleurs comme abrogeant l'ancienne loi et sans doute aussi l'ancienne tradition aux termes de laquelle la femme descend de l'homme, versait donc dans la même ornière, qu'il le voulût ou non, en faisant descendre de l'homme sur la femme le salut qui est en quelque sorte une seconde vie, en toutes lettres, une seconde vie et la plus précieuse de toutes.

C'est là un côté de l'anthropomorphisme qui n'a pas assez été mis en lumière, et qui est saillant surtout dans la religion dont nous datons notre ère. D'abord, que le christianisme qui admet un homme-dieu dérive du même principe que le paganisme qui admet des dieux-hommes, c'est ce que des séminaristes seuls peuvent s'amuser à contester. Mais voyez en outre un peu comme le monothéisme, sous prétexte de tout simplifier, vient tout compliquer ici : on ne s'apercevait pas trop autrefois en ce point d'une prééminence d'un sexe sur l'autre, puisqu'en même temps que les hommes avaient

leurs dieux, les femmes citaient leurs déesses ;
mais à présent on ne pouvait contenter les deux
parties, et vous avez déjà deviné laquelle fut
sacrifiée. L'Homme-Dieu, le Dieu mortel fut le
Dieu mâle ! Il y avait dans la chute du paganisme toute une révolution familiale et sociale
en germe. Le mot du moyen âge pour désigner
le mari, *maître et seigneur*, n'aurait pas été
compris dans l'antiquité et devait être trouvé
par nos pères.

.... Et quand, après cela, nous aurons fait
remarquer pour mémoire que la faute rachetée
par un homme avait été commise par une femme,
on sera en présence du système le plus savam-
ment combiné qu'il y ait jamais eu, avec l'imposture pour base et l'exploitation pour résultat.
Le péché originel, commis par vous, mesdames,
et effacé par nous, le monde perdu par vous et
par nous racheté, voilà en deux mots la conception sur laquelle nous avons vécu pendant
des siècles, conception dont l'impudence seule
égale la niaiserie. — Oh ! je sais bien qu'on
pourra m'objecter que je rattache arbitraire-
ment Ève à Jésus-Christ, que le dernier n'a
peut-être jamais parlé de la première, et que la

pomme du paradis terrestre n'aurait été introduite que plus tard dans le ragoût du Nouveau
Testament : à cela je répondrai d'abord que
depuis qu'il y a une religion nommée le Christianisme, les doctrines de la chute et de la
rédemption ont été connexes, et qu'il serait
contraire dès lors à toute loyauté comme à toute
logique de les séparer ; en second lieu, que si
Jésus ne s'est jamais formellement considéré
comme le vainqueur du serpent biblique, et a
paru tendre la main surtout aux pécheresses
avides d'un fruit défendu autre que celui du
verger, il ne faudrait pas en conclure que son
dévouement, même dans son propre esprit,
n'eut pas la cause que tout le monde lui assigne, car ce serait lui attribuer une fantaisie
un peu forte que ce sacrifice dès lors purement
gratuit, et il est des bornes même à la fantaisie.... Nous n'insisterons pas : il y a beau
temps qu'on a relevé dans les écrits de l'Ancien
Testament, à coté de la création toute spéciale
de la femme qui la rend un être de seconde
main, son acte de gourmandise, qui, dans l'animalité, la rend de première classe. Pour compléter la trilogie qui s'appellerai *le poëme anti-*

*chevaleresque*, il faut placer en dernier lieu son... éclipse au moment de la régénération, où elle ne sert que de galerie.

Ah ! comme on comprend bien que depuis, la femme soit la première à la peine et la dernière à la récompense, après s'être trouvée la première à la faute et la dernière à la réparation !

## III.

Dans notre étude nous n'avons pas parlé du sacerdoce, qui éveille l'idée d'un monopole au profit du sexe fort, par son seul énoncé ; et pourtant la thèse eût été féconde. Les anciens Germains, dans leur culte d'Odin, avaient leurs prêtresses ; les Romains de la République leurs pythonisses et leurs vestales. Arrive la conversion : la femme, à qui l'histoire prouve que le nouveau culte devait tant, ne fait plus partie que du *Vulgum pecus* ayant pour fonction de

prier, adorer et se taire ; — je crois en effet
que personne ne s'avisera de comparer les
nonnes aux vestales ; celles-ci, avec la virgi-
nité que nous avons entendu certaines gens
dénier à l'antiquité, avaient de plus que celles-
là la dignité et l'indépendance.

Nous aurions donc pu montrer longuement
combien l'adage : « Nul n'est prophète en son
pays », trouvait une application grandiose dans
ces foules de béguines prosternées aux pieds
des représentants masculins de Dieu sur la
terre. Mais à quoi bon? à quoi bon s'arrêter
aux bagatelles de la porte, quand on tient la
clef de voûte de l'édifice? Peindre dans une
série de tableaux que nous aurions pu décorer
de ce titre : *Le Génie du Christianisme*,
peindre la pénitente et le confesseur, le sexe
imberbe aux genoux du sexe barbu, nous eût
été un thème inépuisable ; mais ces arguments
que nous appellerions volontiers de circonstance
et d'occasion en même temps qu'ils ont l'éclat
de l'actualité, en ont toute la fragilité, comme
aurait dit Lefranc de Pompignan. Qu'aurions-
nous eu à répondre en présence du mouvement
qui se produit en Amérique, d'après un hono-

rable orateur du Congrès, au nom du Christianisme néo ou primitif, comme on voudra, et où
les femmes deviennent missionnaires et pontifes?
Ce nouveau rôle militant, que nos Européennes
à la vérité ne paraissent pas vouloir embrasser
mais dont il faut bien tenir compte, eut mis notre argumentation à néant, en découvrant ce
que nos antithèses avaient de contingent et de
peu universel. Le Christianisme se transforme
chaque jour comme il s'est transformé, quoi
qu'en pensent les partisans de l'immuabilité
et de l'infaillibilité, et nous ajouterons, heureusement pour lui : il se transforme du moins
autant que le permet son essence et son principe. Mais ce que le progrès des temps ne fera
pas, c'est qu'il n'y ait pas eu à l'origine, comme
point de départ, comme pivot, comme pierre
angulaire, un être unique, homme, se présen-
tant au nom du genre humain qui comprend
hommes et femmes. Cette origine est comme
une tunique de Nessus qu'il ne peut dépouiller
sans cesser de vivre et sera peut-être sa suprême condamnation dans nos sociétés régéné-
rées.

La raison d'être du Christianisme elle-même

proteste contre la thèse de l'égalité qui s'est plaidée au Grand-Orient : si bien qu'on pourrait dire que les progrès de la nouvelle cause sont en raison directe des reculs de l'ancienne.

Puissent ces quelques réflexions avoir mis au jour cette vérité, comme nous l'eussions voulu : L'axe du monde chrétien a deux pôles : à l'un figure un être croupissant dans la fange du péché, à l'autre un être s'envolant vers le ciel dans l'auréole de l'héroïsme. A bon entendeur, salut !

# APPENDICE

---

## La généalogie de Jésus et le dogme de l'Immaculée Conception.

Bien loin que le fait d'une maternité terrestre de Dieu soit à la louange de la femme, il n'est que l'affirmation de l'insignifiance de son rôle dans l'acte de la procréation. Une chose remarquable en effet dans la généalogie de Jésus (1), c'est que tous les échelons jusqu'à l'avant-dernier sont remplis par des hommes : pourquoi ensuite, quand on va toucher à l'Homme-Dieu, le système est-il changé, et ne trouvons-nous plus au dessus de Jésus-Christ un nom masculin comme à tous les degrés précédents ? Ne serait ce pas que la conscience chrétienne ne s'est

---

(1) Voyez l'Évangile de saint Matthieu, I, 16.

pas sentie capable de ce tour de force — faire descendre un Dieu immédiatement d'un mâle, à cause du rôle prépondérant et à peu près exclusif que jouait d'après elle l'un des facteurs dans l'œuvre de la génération? Et ne serait-ce pas aussi que le rôle effacé et *passif* (d'après la propre expression de l'Ange de l'école, saint Thomas) de la mère, ne lui a pas paru au contraire sérieusement compromettre la nature divine de l'enfant qui n'avait fait que passer dans un organe mortel sans y puiser aucunement la vie?

Je sais bien que pour les orthodoxes tout s'explique par le Saint-Esprit : l'éclipse subite du mâle au moment critique, après une longue série généalogique, s'est produite pour laisser place à la troisième personne de la Sainte-Trinité. Mais pour qui veut voir cependant autre chose que de vaines formules dans l'histoire des religions, et pénétrer le sens de ces légendes qu'il est d'ailleurs puéril d'écarter *de plano* quand elles ont encore de la puissance sur tant d'âmes, la notion de cet énigmatique Saint-Esprit, bien loin qu'elle donne raison de quoi que ce soit, a été au contraire amenée subséquemment à la notion du verbe fait chair, et pour pallier ce que celle-ci avait de trop répugnant aux idées ordinaires, en restituant à Dieu lui-même la véritable procréation de Dieu par le seul côté qui importait, la fonction masculine. Qu'on le veuille ou non, le dogme de l'Immaculée-Conception n'est pas autre chose que la mise hors de pair de la maternité, réduite à n'être plus que la cinquième roue à un char, puisqu'il implique qu'il n'était pas au pouvoir de la mère de faire dégénérer son fils, tellement son fils était peu d'elle ; et à l'inverse ce dogme n'est encore qu'une exaltation de la paternité comme principe, puisque celle-ci se trouve par là seule reconnue capable de ne pouvoir produire que ce qu'elle est elle-même. L'homme avait dans ses rangs le Dieu, il n'avait pas besoin de se montrer tout à côté de lui par dessus le marché : d'autant plus qu'en se reléguant en apparence au second plan pour une heure, il avait cet insigne avantage de maintenir comme le seul sacré, le seul puissant, le seul vrai, le lien existant entre l'enfant et le père.

Et les femmes n'ont pas compris cela ! Elles

se laissent berner par un honneur prétendu qui n'est qu'une constatation d'impuissance ! Elles ne voient pas qu'on reconnaît Marie comme mère de Dieu, parce que cela ne tire pas à conséquence pour ce Dieu : c'est à dire, hélas ! tire beaucoup à conséquence pour elles toutes, ne fût-ce que dans l'organisation de la famille. Elles devraient regarder d'où leur viennent les hommages qu'on leur prodigue et se rappeler le vers :

Timeo Danaos et dona ferentes.

Veut-on une confirmation de ce que j'avance par une sorte de contre-épreuve ? Supposons que les Hébreux, en règle ordinaire, n'aient considéré que la descendance par les femmes (ce qui s'est vu dans certains pays) et qu'ils aient par conséquent réglé la généalogie suivant une maxime opposée à notre ancienne tradition française, que *le ventre n'ennoblissait pas.* Arrivés encore aux parents immédiats du Dieu, qu'eussent-ils dû faire ? Assurément tout le contraire de ce que l'Eglise chrétienne a fait, c'est-à-dire assigner à Jésus comme authentique celui des deux parents qui était le moins com-

promettant, dans l'espèce le père, puisque
nous avons supposé que la femme fixait les
familles et en était la tête. Et ainsi nous aurions,
au lieu d'un père nourricier, une mère nourrice.
La composition du Panthéon chrétien ne tient
pas à autre chose : mais tel qu'il est, il dé-
montre invinciblement dans ses bases et ses
substructions, pourrions-nous dire, qu'il est
fondé sur l'infériorité de la femme, par tout le
contexte de la généalogie des évangélistes, et
parce que la femme ne figure pas au commencement ni au milieu, et parce qu'elle figure à
la fin.

Impuissante à relier une race à l'autre dans
la sphère réelle de la parenté humaine, elle a
paru bonne pour servir de transition à l'individu
supra terrestre à cause de sa fonction subor-
donnée, problématique, quasi nulle : terrain
neutre où quiconque pouvait poser le pied au
besoin sans y risquer son honneur. A un
mystère de théologie convenait bien une ombre
de gestation.

———

# LA PUISSANCE MARITALE

## ET

## LE CONGRÈS DU DROIT DES FEMMES

... Quand on leur demande quelle est la cause de la puissance maritale, de cette puissance qui rend une femme civilement incapable aujourd'hui, de capable qu'elle était hier, ils répondent : « Il faut un chef dans la famille ! » — Soit ; il faut un chef, nous l'admettons pour un instant ; et s'ensuit-il que ce chef doive être à priori l'individu qui porte culotte et moustaches, que ce chef doive être toujours et invariablement pris dans l'une des deux classes d'associés ? S'ensuit-il enfin que l'homme doive commander dans l'association en vertu d'un caractère indélébile dont sa mère l'aurait marqué dès sa naissance et comme par *droit divin* ?

Il faut un chef! Mais cela n'est pas une réponse à tout; et à moins qu'ils ne voient pas autre chose dans leur argument que n'y voyait le marquis de Molière dans son *Tarte à la crème*, ils nous permettront bien d'épiloguer un peu sur cet : Il faut un chef.

Si cette position de deux êtres associant plus ou moins leur destinée et formant dans la grande communauté une plus petite, était unique dans l'histoire et dans le temps présent, nous comprendrions qu'ils nous en imposassent par une formule apocalyptique au nom d'une science profonde dont ils auraient conquis le monopole à force de veilles et de cheveux blancs. Nous comprendrions jusqu'à un certain point qu'ils prétendissent fermer notre bouche profane, et serions peut-être prêts à nous incliner devant ce Mané, Thécel, Pharès de l'assujétissement féminin.... Mais quoi? plus nous regardons et moins nous apercevons ce que la situation de l'homme et de la femme dans le mariage a d'anormal au point de vue civil, au regard de la propriété et quant aux intérêts pécuniaires devant la grande société qui s'appelle l'État. S'il était défendu à l'individu de se présenter autrement que seul pour faire des opérations ayant un but pécuniaire, pour conserver et augmenter sa fortune et par là trouver un moyen de développement de tout son être, s'il était défendu à un citoyen de s'unir à son semblable sous peine d'attentat à l'existence nationale, dans le but de réaliser plus sûrement son bien être par la coalition des forces isolées, nous serions les premiers à voir dans le mariage une institution exorbitante des conditions ordinaires, et, en considération de sa nécessité, à le soumettre à un régime d'exception où l'arbitraire aurait sa place toute trouvée. Mais il n'en est point ainsi ; il n'en a jamais été ainsi : sans parler des sociétés purement civiles que l'État se réserve d'autoriser, mais qui dès lors fonctionnent librement et sans entrave, n'avons nous pas jusqu'à trois formes de sociétés commerciales ? Et comment dans toutes a lieu la gestion ? Est-elle déférée sur des apparences ou des conformations physiques analogues à celles qui déterminent le sexe ; décidée par des considérations de race et de descendance, par des influences d'habits, de visage ou de nom ? Qui est-ce qui gère une société ? Celui qui y a le principal intérêt quand ceux-ci ne sont pas égaux (société en commandite) : et c'est là une expression de la justice, une interprétation inattaquable de la volonté des autres intéressés placés naturellement sous la direction et comme à la remorque des associés tenus solidairement, ou, si vous voulez, des fondateurs. Si les intérêts sont égaux ou du moins de nature analogue (société en nom collectif et anonyme, et n'est-ce pas le cas du mariage?), celui qui gère est celui qui est choisi par les autres dans la liberté de leur décision et dans la plénitude de leur confiance; celui qui gère (quand il y en a un qui gère), nous aurons peut-être occasion de revenir sur ce point, ne se présente pas au nom du ciel et ne répond pas aux tiers: « Je suis parce que je suis! » Il exhibe ses titres de créance et de gérance quand il est nommé, comme il a exhibé devant ses pairs ses titres de capacité et de probité pour l'être. Et maintenant, en admettant toujours, comme nous l'avons fait, qu'il y ait toujours et nécessairement un chef unique dans l'association de plusieurs, comparerez-vous ce chef élu et responsable de nos petites républiques à l'autocrate qui a nom *monar-*

*que* dans la cité, et *mari* dans le ménage?

Mais si les choses se passent ainsi que nous l'avons dit partout ailleurs que dans le ménage, et si une telle différence est constatée entre le *modus vivendi* qui a lieu ici et le *modus vivendi* qui a lieu là, — différence tout en faveur d'un système, à la seule condition que nous estimions tant soit peu les idées de dignité et d'indépendance, — comment se fait-il qu'on nous réponde si obtinément et d'un air si péremptoire « Il faut un chef », pour légitimer la prépondérance uniforme d'un sexe sur l'autre?... Car enfin, étant même admis que la femme, dans l'état actuel et transitoire de nos mœurs, qui ne donnent pas à ses facultés les aliments convenables, étant admis que la femme fût portée à choisir le plus souvent le mari comme gérant de l'association, en lui donnant, si vous voulez, des pouvoirs aussi grands ou à peu près aussi grands que ceux qu'il s'arroge, ne verriez-vous dans l'adoption du droit commun qu'une révolution d'apparat et un changement de mot? L'administration étrangère que la femme subit forcément aurait été consentie par elle, c'est-à-dire que le contrôle commencerait à devenir

2.

efficace : et l'administration de fait qui parfois lui est laissée deviendrait pour elle un droit. Ce qu'elle fait aujourd'hui (et elle fait déjà par elle-même plus qu'on n'a l'air de le penser) avec toute l'insécurité et la dépendance d'une concession précaire ou révocable, elle le ferait comme ne relevant que d'elle-même ; ce qu'elle ne ferait pas, elle n'en aurait pas voulu et n'en souffrirait pas, ou du moins n'aurait pas à s'en plaindre.

C'est là l'état idéal, dont nous sommes si loin, hélas ! et qui nous apparaît comme un rêve et aussi comme ayant dû être le cauchemar de nos législateurs, quand nous voyons la femme séparée de biens, c'est-à-dire la plus libre que le code admette, obligée encore de demander, à l'égard de sa propre fortune, l'autorisation d'aliéner les immeubles ! Le caractère mystique et comme hiératique de la puissance maritale se fait jour ici, car elle n'a alors à peu près aucun de ses prétendus effets économiques par suite de l'autonomie relative de la femme : on veut lui rendre un hommage platonique qui n'est plus pour la femme que la marque outrageante de son infériorité. La demi-capacité de la femme,

en effet, sous ce régime, n'a jamais pu être dé-
terminée avec précision par la jurisprudence,
malgré tous ses efforts et toutes ses variations ;
de sorte que l'unité de direction dont on se pré-
vaut tant et qu'on s'était résolu cependant à
abandonner en partie, devient ici une véritable
anarchie. De bonne foi, trouvera-t-on ce mot
trop fort, quand on se demande, quand les tribunaux, quand les tiers ont à se demander
chaque fois que la femme dispose dans son patrimoine d'un objet autre qu'un immeuble, si elle
exerce ou bien outrepasse son droit ! car ce n'est
rien moins que ceci qu'on discute depuis soixante
et dix ans : — Le mobilier de la femme est-il
à sa disposition en tant que mobilier ou en tant
que moyen d'administration, et dès lors, jusqu'à
concurrence de ce qu'exigent les besoins de
cette administration ? — Pour ceux qui sont
peu familiarisés avec les matières juridiques,
l'énoncé de la question paraîtra horripilant, sinon inintelligible, et il est de fait que notre
vieille distinction des meubles et des immeubles prend ici une tournure grotesque à force
de pédantisme ; mais nous jurons que nous
n'inventons rien. Le code est donc fait de telle

sorte, avec son point de départ qui est la supériorité essentielle et inviolable du mâle, qu'on ne peut rien concéder à l'autre partie sans détraquer tout le système : ébranlez cette base et l'édifice ne se tient pas debout. Il faut, en un mot, choisir entre l'abdication complète de la femme — ce qui est simple, et le chaos, ce qui est absurde. L'absurdité de cette dernière combinaison, comme nous venons de le voir, aboutissant à la logomachie, est peut-être ce qui l'a fait rejeter en pratique et a rendu assez rare le régime de la séparation de biens entre époux. Mais ce régime n'en existe pas moins plus que théoriquement dans certains pays, et en suivant l'ordre d'idées où il nous a conduit, peut-être découvrirons-nous le sens caché de l'objection sempiternelle : Il faut un chef !

Quand nous disons cela, mes chers frères, n'est-ce pas que nous ferions mieux de dire : « Il faut que nous soyons chefs ! » Car il y a toujours dans votre affirmation une arrière-pensée que vous n'osez pas souvent exprimer, c'est celle-ci : « et à choisir un chef entre les deux, la femme ne doit pas compter. » Allons ! avouons-le, n'est-ce pas cela ? Puisque votre

première et unique réponse ne fait que reculer
la difficulté et pose seulement une alternative
entre la direction de l'homme et celle de la
femme, c'est donc que dans votre esprit cette
dernière question est toute résolue, que vous
en ayez conscience ou non ; et c'est donc toujours l'incapacité organique de la femme qui
est au fond du débat.

Arrivé à ce point nous ne nous sentons plus
le courage de disserter sur une cause qui
paraissait jugée, il y a seize siècles, à l'un des
plus éminents jurisconsultes de l'ancienne Rome,
qui joignait à son talent le mérite de... la sincérité, lorsqu'il disait de la tutelle des femmes, générale encore quelque temps avant lui : « On la
prétend fondée sur l'inexpérience ou la faiblesse
d'esprit du sexe, *quia levitate animi plerùm-
que decipiuntur* (1) ; mais cette raison est plus
spécieuse que réelle. » Nous n'avons pas le courage de nous constituer à ce point de vue et
devant nos adversaires l'avocat d'une classe de
personnes dont ils font leurs compagnes et les

---

(1) Voy. les *Institutes* de Gaïus, commentaire I,
§ 190.

mères de leurs enfants, qui inspirent les dévouements les plus beaux et les œuvres les plus grandes ; d'une classe de personnes dont ils recherchent l'assentiment tout en dénigrant leur opinion et aux facultés desquelles ils veulent de grand cœur ouvrir de nouveaux horizons par une éducation meilleure, tout en se refusant à leur fournir des aliments et une sphère d'activité suffisante.... Qu'il nous suffise de leur dire : Si vous étiez sincères dans votre arrière-pensée, et un peu plus que vous ne nous l'avez paru dans votre triomphante affirmation, vous devriez demander immédiatement la mise en tutelle, par une mesure d'interdiction générale, de toutes les femmes qui n'ont pas l'avantage d'être en puissance de mari. (1) Si vous ne le faites pas, c'est qu'il vous chaut assez peu de secourir la femme quand vous ne devez en tirer ni honneur ni profit, et que votre commisération n'est que l'hypocrisie, comme votre supériorité une imposture : car vous ne ferez croire à personne qu'on ne soit pas, après avoir

_________________

(1) Ce point de vue n'avait pas échappé à Gaïus, qui y fait allusion à l'endroit précité.

pris un mari, ce qu'on était l'instant d'auparavant, à moins d'attribuer à votre contact un étonnant effet d'abrutissement.

Pendant combien d'années encore oscillera-t-on de l'une à l'autre des deux prétendues raisons classiques sur la corde roide de la puissance maritale, besoin d'unité, infériorité féminine ? Battu sur la première, on se rabat sur la seconde, et quand la seconde n'est plus tenable on revient à la première. Combien de fois n'avons-nous pas vu faire cette navette aux partisans de la puissance maritale ! Et de guerre lasse, que concluaient-ils ? En désespoir de cause ils insinuaient que si l'un ou l'autre motif étaient insuffisants, chacun pris à part, réunis, il en était tout le contraire : argumentation que nous n'avons jamais pu comprendre, mais qui est sans doute très ingénieuse, consistant à faire un raisonnement avec deux propositions fausses. Ne nous laissons cependant pas prendre à ce trompe-l'œil et à ce jeu de miroir, à cette stratégie bien connue de volte-face qui peut être bonne à la guerre, mais ne tient pas devant la logique : finissons-en une fois avec cette sophistique. Je vous somme de confesser

que la femme est, organiquement, notre égale ;
et vous l'avouez neuf fois sur dix : dont acte ;
à jamais donc n'invoquez plus d'inégalité. Je
vous somme de reconnaître qu'il y a à chaque
instant hors du mariage des associations où
l'intérêt d'aucun des associés n'est sacrifié
devant un gouvernement autocratique : vous
l'avouez et répudiez par suite comme dénuée de
nécessité la situation faite actuellement à l'un
des deux dans le mariage ; à jamais donc ne
confondons la gérance avec l'absolutisme et le
caractère quasi divin du pouvoir.

Que si nous aboutissons ainsi à un simple
besoin de direction ou de gérance dont le principe régulateur doit être l'égalité des associés,
il s'ensuit invinciblement ceci : que l'immense
pouvoir que l'homme s'est attribué est injustifiable, et parce qu'il est immense et parce que
l'homme se l'est arrogé. Bien loin que l'absence
de fondement de chacune des deux raisons in-
voquées, équivale à une raison, nous y puisons
nous une double raison pour condamner la puissance maritale. Vous la souteniez nécessaire ;
dans ses caractères actuels, elle ne l'est pas.
Vous la souteniez naturelle ; elle ne l'est pas.

Tout ce que vous invoquez pour elle donc sert à la détruire.

Cela étant, comment se fait-il que la doctrine revendiquée au congrès du droit des femmes, de leur émancipation dans le mariage, ait à peine une place dans la presse française et que l'enseignement officiel en soit encore à se voiler la face dès que ce mot d'émancipation de la femme est prononcé ? Il ne suffirait pas de dire que pour beaucoup de gens la puissance maritale est légitime parce qu'elle est vieille, selon une expression célèbre qui est en même temps un mot profond ; le renouvellement des idées qui s'est fait depuis un siècle aurait dû au moins atteindre ce débris d'un autre âge et l'ébranler sinon l'abolir.

Nous ne sommes pas non plus tous de mauvaise foi ; et il serait peut-être insuffisant de dire que l'homme commande là parce qu'il commande ailleurs, que les castes se suicident rarement et ne comptent pas beaucoup de nuits du 4 août, que le code émanant des hommes il est naturel qu'ils y aient inscrits leur supériorité comme un principe incontestable et inviolable, et aient fortement sanctionné ce principe.

Si nous ne nous trompons, plusieurs idées accessoires assurent encore de nos jours la popularité à la thèse ancienne et juridique dans une question qui ne devrait relever que de la raison pure et non de nos conditions actuelles d'existence que le progrès peut et doit modifier. Pas de doute que le peu de part que les femmes chez nous prennent aux affaires publiques, par exemple aux carrières libérales, ne soit une grosse raison pour qu'on leur refuse de marcher de pair avec ceux qui remplissent tous ces rôles dans la cité. Nulle part on ne voit mieux la corrélation des droits civils et des droits politiques, et plus généralement de tous les droits ensemble qu'une métaphysique trop savante s'ingénie à analyser et à classer sans jamais en faire la synthèse. Pendant des siècles il n'y avait pas parmi les Français un dixième de propriétaires ; et qui est-ce qui avait l'influence et le gouvernement, c'est-à-dire les droits politiques, si ce n'est ce nombre inférieur à un dixième ? Caton l'Ancien, quand il proposait la loi Voconia pour annuler le rôle des femmes en les empêchant de devenir riches par des successions, savait bien ce qu'il faisait. Nous, fils de 89, avons reculé devant toute interdiction aux femmes de posséder ou d'hériter, et en ce point, mais en ce point seulement, nous les avons égalées aux hommes, méconnaissant cette vérité que toutes les libertés sont sœurs : c'était trop ou pas assez. Nous avons été aussi embarrassés des concessions que nous leur avions faites qu'elles peut-être de les avoir reçues, et nous avons comme correctif lié la femme dans le mariage par un réseau d'incapacités et de prohibitions qui rappellent souvent à la plus fortunée d'entre elles la fable du roi Midas. Époque de transition évidemment. Que la femme sorte du cercle de la famille, ce qui ne l'empêchera pas d'y remplir son rôle, comme nous le démontrerons ailleurs, c'est le seul moyen pour elle de compter dans la famille et d'y tenir sa place légitime. L'instinct moderne, plus fort que toutes les vieilles conceptions autoritaires, nous pousse, malgré nous dans la voie de l'avenir, que nous nous en doutions ou non : cette instruction, inconnue autrefois, (1) dont les femmes

_________________

(1) C'est *méconnue* plutôt qu'il faudrait écrire, si l'on

sont avides et vers laquelle nous sommes presque unanimes à les pousser, ne sera pas pour elles un leurre et un désespoir de plus, comme le fut la Terre Promise entrevue par les Hébreux ; en même temps qu'une satisfaction platonique, celle de la vérité conquise, et que la conscience de leur importance individuelle, elles y trouveront un moyen de régénération.

Des esprits très ouverts en toute autre chose se laissent donc trop influencer par le milieu actuel tout contingent où se meut la femme ; témoins de ses efforts cependant pour en sortir, ils sont réfractaires à l'idée que l'histoire n'ait pas dit son dernier mot en ce point, et n'osent espérer en un avenir meilleur, eux qui cependant se sont dépouillés du préjugé ancien de l'infériorité organique de la femme. Trop prompts à croire uniquement ce que leurs yeux voient, ils rapprochent la femme de l'enfant dans leur idéal, comme elle l'est dans

---

en croit M. Legouvé qui a écrit quelque part : « Nos aïeules ne savaient pas lire ; l'ignorance était une distinction de plus chez les femmes nobles. »

la réalité pour une partie importante de ses attributions même, que nous ne songeons d'ailleurs pas à nier et sur lesquelles nous aurons à nous expliquer. Il ne leur paraît pas trop exorbitant que la femme participe finalement à la situation de l'enfant qu'elle élève, sans s'apercevoir que l'enfance est une transition et qu'on est femme pour la vie ; ils associent dans un même assujettissement ce qui en a besoin et ce qui y répugne. La puissance maritale leur paraît un corrélatif de la puissance paternelle. Chose plus bizarre ! alors même qu'ils limitent et circonscrivent celle-ci, ils n'osent toucher à celle-là ; après avoir franchement abandonné la tradition romaine du *paterfamilias,* seule tête respectée du groupe ancien et reconnu les droits de l'enfant, les droits de la femme leur semblent une chose inouïe et subversive au premier chef.

J'ai cherché à expliquer ailleurs comment un pareil point de vue qui semblerait avoir dû disparaître avec l'organisation antique, avait pu lui survivre : je l'ai fait en m'étayant de la tradition catholique et chrétienne sur laquelle nous avons trop longtemps vécu et à l'origine de laquelle on trouve, en même temps qu'une femme pour perdre le monde, un homme pour le sauver — Ève et Jésus. Qui oserait dire qu'il n'y a pas dans l'ostracisme prononcé contre la femme plus de défiance contre la malice de sa nature, selon les termes sacrés et consacrés, que contre l'incapacité de cette même nature? Eh bien! voilà l'œuvre de l'orthodoxie.

Qu'ajouterai-je encore? Une sorte de droit d'aînesse est ressuscité au profit de l'homme sur la femme par suite de quelques années d'âge de plus qu'a le premier lors du mariage: et pour cette seule coïncidence, pour cette différence de niveau plutôt apparent, du reste, que réel, voilà la femme éternellement mineure! L'arrêt est dûr; et l'on ne se serait pas attendu à retrouver ici, quand il a disparu partout ailleurs, le privilège de primogéniture. De ce que la femme est, physiquement, plutôt apte à la génération que l'homme, s'ensuivra-t-il qu'elle doive être sous sa coupe le reste de ses jours, et cette seule précocité sera-t-elle pour elle un arrêt de déchéance ? Si nous invoquions la statistique, on verrait qu'il n'y a guère qu'une différence de 4 à 5 ans en moyenne entre les deux époux, et nous soutenons que la prévention qui résulte contre la femme de ce fait est largement compensée par cet autre fait, la précocité de son développement physique auquel doit correspondre son développement moral. Et puis, il y a longtemps qu'on l'a dit, la femme assez sensée pour se donner, l'est assez pour se guider ; et le consentement qu'on lui demande et qu'elle manifeste, à moins que ce ne soit une infâme comédie, est une marque criante de sa capacité. Reculez, si vous voulez, l'âge légal où il est permis de s'unir et de jeter les bases d'une nouvelle famille (1). Si la question était posée, nous

_______________

(1) Si l'on veut savoir ce que pensait à ce sujet un des plus grands esprits de l'ancienne Rome, voici quelques lignes de Tacite — comme il savait en écrire, qui sont prises de son ouvrage sur les mœurs des Germains : « Sera juvenum venus, eoque inexhausta pubertas : nec virgines festinantur ; eadem juventa, similis proceritas, pares validæque miscentur ; ac robora parentum liberi referunt. » Ce que M. Nisard traduit ainsi : Les jeunes gens aiment tard, de là une puberté inépuisable. Les filles ne sont point mariées hâtivement ; égaux en jeunesse, en taille, en vigueur,

opinerions de grand cœur en ce sens ; mais cet âge rationnellement fixé, qu'il ne soit pas, en même temps qu'un titre d'émancipation, un titre de défiance pour la femme ; que la femme ne soit pas à la même heure déclarée maîtresse d'elle-même et incapable de l'être...

Concluons. Je n'ai pu qu'indiquer à grands traits la thèse que j'appelle tous mes corréligionnaires et tout le monde à approfondir : j'ai tâché d'ouvrir des horizons, et de montrer pourquoi et comment on nous combattait avec un semblant de raison, soit au nom de souvenirs confus et vagues mais invétérés, soit au nom d'une expérimentation terre-à-terre qui ne voit rien au delà du présent. A vous tous, économistes qui voulez ne pas laisser enfouies des richesses de création, politiciens qui ne voyez pas de dignité hors de la liberté, moralistes qui ne voyez qu'un accouplement plus ou moins civilisé dans l'union de deux êtres inégaux en droits, esthéticiens qui voulez dans la femme autre chose qu'une Odalisque, — à vous

---

la famille qui naît de tels époux hérite de leurs forces.

tous de continuer ! La thèse de la puissance maritale est faite, rappelons-le-nous, de sous-entendus, de malentendus, de préjugés et de réminiscences gothiques. (1)

---

(1) L'institution dont nous avons examiné le principe est étudiée à un autre point de vue c'est-à-dire dans son fonctionnement, dans une brochure intitulée *La question féminine et le Code*, § 3. On pourra y voir que la pratique de la chose en vaut la théorie.

# BÉBÉ

« Les femmes sont ici-bas non pour faire des livres, mais pour faire des enfants. » Cette pensée, devenue proverbiale, et qui devait le devenir, ne fût-ce qu'à cause du grand nom auquel on la rattache — et qu'elle ait ou non été exprimée — est une de ces consignes qu'on impose à la femme pour la murer hors de la science. Elle se retrouve dans je ne sais combien d'écrivains qu'on croirait intéressés à repousser des rivaux et à écarter une concurrence toujours ennuyeuse. C'est contre cette pensée que nous venons protester.

Et qu'on nous entende bien, ce qui nous répugne invinciblement, c'est l'antithèse qui s'y pose entre la maternité et le savoir considérés comme incompatibles l'un avec l'autre,

ou du moins hostiles : ce n'est pas une dimi-
nution de fécondité que nous venons prôner à
la femme, Dieu nous en garde ! les mœurs
actuelles ne nous y portent que trop — et, soit
dit en passant — sans que la femme peut-être y
ait la principale part. Ce ne sont pas les mères
que nous voulons moins nombreuses ou moins
chargées d'enfants, c'est la femme que nous
voulons plus capable et plus digne de mener
à bien l'œuvre de l'enfantement et de l'éducation, dont on ne voit trop jusqu'ici que le
côté mécanique et machinal, et qu'il est si
naturel qu'on envisage mal tant qu'en parleront
seulement ceux qui ont à la chose la plus
minime part. Car, ici comme ailleurs, plus
qu'ailleurs, l'homme prétend connaître ce qui
nécessairement lui échappe, et, résultat désas-
treux ! impose silence à celle qui seule aurait
qualité pour parler. Nous montrons ailleurs (1)
ce qu'il y a d'exorbitant pour l'homme à vouloir penser et agir pour deux quand il s'agit du
seul intérêt féminin, abstraction faite de toute

(1) Dans la brochure : *La question féminine et le
Code*, chez Ghio, Palais-Royal.

idée de procréation ; mais combien sa prétention
nous apparaît plus injustifiable quand la femme
se présente avec la responsabilité de deux
êtres, elle et le dernier venu dont le sort lui
reste à charge à peu près tout entier. Combien
l'homme-mère nous paraîtra une conception
monstrueuse à côté même de l'homme-femme !
Et pourtant c'est justement ici dans le cercle
de la famille et à propos de pédagogie que
nous protestons avec le plus d'énergie contre
tout essai de réforme, que nous revendiquons
avec le plus de jalousie notre compétence
exclusive, que nous raillons avec le plus
d'acrimonie tout ce qui tenterait de soulever
notre monopole étouffant. Serait-ce donc que
l'homme, sentant là surtout sa position illogique
et rationnellement étrange, veut prendre les
devants pour n'avoir pas à se défendre, et
s'attribuer le rôle d'agresseur pour n'avoir pas
à faire une réponse impossible ? Quoi qu'il en
soit de son intime pensée, nous le forçons à
prendre ce rôle qui ne paraît pas lui convenir ;
nous déplaçons la question qu'on amoindrit en
plaidant les circonstances atténuantes et en
faisant appel à une générosité que le temps a

d'ailleurs démontrée illusoire. Ce n'est pas malgré ses enfants et en vertu d'autres considération humanitaires que nous demandons pour la femme l'accès entier à la science, ce n'est pas *quoique* mère, c'est *parce que* mère ; que toutes les foudres des Philinte et des Alphonse Karr tombent sur nous ! Nous avons fait notre siège et nous ne combattrons aujourd'hui que sur le terrain que nous avons choisi, parce que la victoire que nous voulons peut être gagnée là seulement et que là elle sera décisive.

Que savons-nous de l'enfant, sous ses deux aspects, embryon, puis être organisé mais inintelligent ? C'est-à-dire, que savons-nous de nous-mêmes à l'époque où nous n'existons pas encore par la conscience ? A part ce qu'une chimie et une biologie — elles-mêmes dans l'enfance — nous apprennent dans leur sphère nécessairement bornée, nous savons sur la grossesse ce que la plainte inarticulée, ce que l'esprit crédule de la mère laisse entrevoir ; nous savons sur les premiers pas et les vagissements de l'enfant ce qu'elle encore a vu ou cru voir à travers le prisme d'une intelligence soigneusement tenue à l'écart de toute critique et souvent de toute donnée positive.... Est-ce suffisant ? Sur ces deux états critiques de l'homme dont nous appelons l'un un mystère, et l'autre une espérance, ces renseignements nous suffisent ! Nous nous présentons à la femme endolorie comme le médecin supérieur (la sage-femme n'est qu'en second lieu) et n'ayant pour données que ce qu'elle veut bien nous révéler quand elle s'y décide avec son imperfection de langage et son inexpérience d'observation : car cela n'est pas à cacher et les docteurs sincères l'avouent, (1) qu'un nombre infini de fois la femme ne se décide à consulter, ou à se montrer, qu'au dernier moment, c'est-à-dire que son état pathologique normal — si nous pouvons ainsi parler-échappe indubitablement à l'homme de l'art, et qu'il n'est pas même permis à celui-ci de saisir objectivement d'une façon régulière ce qu'il est condamné à ne jamais saisir subjectivement. Conjecture en un mot sur conjecture ! — Nous pensons ici à l'acte bien connu

_______________

(1) Voir l'Histoire philosophique et médicale de la femme, par M. Menville.

de ce médecin, qui, pour mieux expérimenter sur une maladie affreuse, s'inocula le virus qui devait infailliblement l'infecter : ce fut d'un héros et avant tout d'un savant. Que devait-il penser, cette homme admirable entre tous et à qui nous ne marchanderons pas sans doute les hommages, de la situation faite a la femme malade    malade comme femme et livrée à la main de l'homme ? Ce n'est plus ici un obstacle inconnu qui se dresse devant le praticien, c'est le terrain même qui lui manque sous les pas. Et vous tous qui admirez M. ***, pourquoi ne songez-vous pas à ce que vous faites ? L'hommage que vous lui rendez n'est-il pas une satire sanglante de la thérapeutique actuelle, de cette thérapeutique de vétérinaire où l'animal est notre compagne ?    Ah ! certes, nous ne demandons pas au médecin qu'il se récuse devant toute maladie qu'il n'a pas ressentie personnellement, mais pour une maladie qu'il *ne peut* ressentir, dont les conditions et les causes lui sont étrangères, et par conséquent a moitié voilées, ne doit-il pas éprouver un moment d'hésitation et de timidité et se demander au moins s'il est le seul à pouvoir essayer la guérison ? — Ce doute, cette défaillance de soi, il semble qu'on ne l'a jamais éprouvé : s'il en était autrement, nous aurions une ou plusieurs facultés de médecine pour les femmes, et l'on ne verrait pas — comme on l'a vu à Paris — devant une demi-douzaine d'étudiantes, un professeur se plaindre de ne pouvoir parler à l'aise avec un auditoire mélangé ! Le professeur ne se serait plus ironiquement plaint, car à sa place il y aurait eu une femme pour parler à des femmes.

Passons sur le point de vue de l'obstétrique (1), où la femme apparaît pourtant agissante, chose unique au monde ! pour ce qui la concerne ; mais où l'insuffisance de son éducation générale apparaît avec elle.... passons, car le sujet est touffu et la voie encombrée.

L'enfant est venu au monde tant bien que mal, comme vomi par sa mère, qui jusqu'ici ne le connaît que comme un instrument de souffrance et qui a rempli sans savoir pourquoi ni

---

(1) L'article 33 de la loi du 10 mars 1803 met hors de la compétence des sages-femmes « l'emploi des instruments dans les accouchements laborieux ». N'est-ce pas une pitié ?

comment son rôle de pondeuse : son rôle de couveuse va commencer. C'est à elle que vont incomber tous les détails de cette mission dont le sens est réservé à d'autres. Sombre destinée pour la femme et l'enfant ! Mais laissons là la première, il y a dans le second assez de quoi nous occuper.

Qui n'a vu partout que l'éducation était la plus belle œuvre d'art qui fut jamais ? qu'élever une créature humaine était une fonction sans rivale ? que des premiers ans dépendait le bonheur, etc. etc.. ? Et qui ne voit la conséquence tirée ? Nos premiers mouvements et nos premières paroles livrés aux ilotes de la société moderne, dont elles ne connaissent guère que quelques jouissances énervantes et dont les sources fortifiantes de vie leur sont quasi fermées !

Nous faisons l'*Emile* avec Rousseau (livre sublime terminé en queue de poisson !), mais ne savons où prendre la mère d'un tel individu, et, de guerre lasse, nous lui donnons un précepteur pour mère, — aboutissement drôlatique mais fatal de nos mœurs, dont il est la meilleure pierre de touche. Car il n'est que trop

évident que le grand démocrate, ici comme
ailleurs, reculant devant la grandeur de la réforme, est tombé dans l'utopie à force de logique et de rectitude de cœur. Dans le *Contrat
Social*, il n'a pu croire pour l'avenir au suf-
frage universel comme régulateur et correctif
de notre civilisation, et il a prêché l'état sau-
vage ; dans son livre sur l'Éducation il n'a pu
croire à l'émancipation de la femme, seul agent
sûr cependant de la régénération de l'homme,
et il nous offre une éducation irréalisable en
société. Nobles perversions d'un génie profondément humain ! Ah ! qui ne s'est senti parfois sur la même pente, devant l'infini des
espérances auxquelles il osait à peine se ratta-
cher ? — Utopies d'un pauvre grand esprit !
Que celui qui n'a jamais senti d'écœurement
dans le siècle où nous vivons, leur jette la première pierre....

Donc, pour revenir à notre époque, — ce
qui n'est pas difficile, car l'histoire en ceci n'est
qu'un éternel recommencement, — voici ce que
nous disons de l'enfant. C'est l'être faible par
excellence, qui a le plus de besoins et le moins
de moyens de les satisfaire, l'être dont chaque

déviation physique ou morale se traduira plus tard en infirmité enracinée et pour lequel il ne serait pas trop d'un instituteur d'origine surhumaine... »

Voilà ce que nous faisons : Pour son instituteur nous lui donnons un être qui ne se dirige pas lui-même, et que nous mouvons par le fil des lois aussi bien que des mœurs, un être pour qui il est superflu de penser et de s'instruire, dangereux de sentir, dont nous avons éteint ou dévoyé les énergies natives, et étouffé jusqu'aux velléités d'indépendance....

Et nous collons ainsi la mère à l'enfant : civilisation de brutes !

Mais pour satisfaire aux besoins de l'enfant, et diriger, aider ses développements, où seront les éléments ? Et s'ils sont tous chez vous, que ne vous chargez-vous de la besogne au lieu d'invoquer toujours les devoirs de la maternité ? On a des devoirs en raison de ce qu'on peut, et on peut en raison de ce qu'on sait. Or, vous bannissez la science du chevet de l'enfant : hygiène, histoire naturelle, physiologie, pédagogie... sciences morales et physiques enfin ; n'en

avez-vous pas fait votre loi par dessus le reste?
n'en avez-vous pas fait un emblème de ridicule
pour ce qui n'est pas vous? Si bien que parfois
on serait tenté de dire au grand savant (qui
n'a que le tort de vouloir l'être seul), à propos
de ses fils rachitiques ou imbéciles :

Tu dois être content, car tes hommes sont nés !

Il y aurait des pages et des pages à écrire
sur ce sujet, sur l'insuffisance de la mère, depuis le cas où l'enfant se blesse et attend remède, jusqu'au cas où l'esprit de l'enfant se
gangrène et n'a plus de remède à attendre :
tantôt c'est le secours de la mère qui manque
à l'enfant, tantôt c'est le secours qui lui manque
contre elle. Mais à quoi bon? est-ce que tous
ces épisodes dont on ferait un martyrologe ne
sont pas présents à tous les esprits? On les
voit dans le détail, on n'ose pas s'en avouer
la cause ou la dire. La cause ! elle est patente
pour qui ne s'acharne pas à croire que tout est
bien dans le meilleur des mondes; — plût à
Dieu que toutes les questions sociales fussent
aussi claires ! C'est que la femme qui devrait
être prête au combat de la vie pour deux êtres,

ayant charge d'ame, est parquée dans nous ne savons quel irrespirable sous-sol qui est toujours le gynécée ancien, et où elle s'atrophie consciencieusement pour mieux créer un avorton semblable à elle.

—————

# APPENDICE

On ne s'imaginerait pas jusqu'à quel point la contradiction que nous avons constatée pour en faire le fond du dernier chapitre, s'étale avec naïveté dans des livres de gens qui se croient les plus positifs du monde.

Ouvrons le livre d'un médecin, le professeur J.-B. Fonssagrives, traitant de *l'éducation physique des jeunes filles*, ouvrage tiré à plusieurs éditions et par conséquent assez répandu, semble-t-il. Il peut être pris comme un spécimen de l'opinion d'une partie du public en ces matières.

Eh bien ! on y trouve simultanément, côte à côte, des affirmations qui feraient penser que l'auteur n'a pas pris la peine de se relire. Suivez bien, je vous prie, et vous verrez après si j'ai exagéré.

S'agit-il d'abord d'exalter la mission de la mère et de poser des desiderata. « *Singulière inconséquence ! s'écrie-t-il, toute profession, si humble qu'elle soit, et si facile qu'elle paraisse, exige une initiation, et la profession maternelle qui n'est certes ni la moins compliquée, ni la moins technique, pour être la plus commune, s'aborde de plain-pied, sans préparation, et avec une intrépidité d'ignorance véritablement affligeante. On se fie le plus souvent aux inspirations de la nature, qui cependant ne peut se charger que de la moindre partie de cette tâche ; elle ne saurait en effet nous apprendre, que ce qu'elle apprend aux animaux, et un peu moins peut-être ; mais nous avons la raison, notre glorieuse raison humaine, qui, agrandie et développée par la culture, doit nous faire avancer aussi loin que possible dans l'industrie et la prévoyance.* » P. vii de la Préface.

Maintenant, s'agit-il de mettre à exécution ces beaux projets, on va voir ce que la femme doit faire de cette *raison*, de cette *glorieuse raison* : « *Il faut non pas qu'elles apprennent la chimie, la physique, la géologie, mais qu'elles aient la technologie et les définitions les plus essentielles de ces sciences.* (C'est le cas de rappeler la montagne accouchant d'une souris. Continuons.) *Ce sera assez pour comprendre les allusions, saisir des faits d'application usuelle, et répondre à ces questions dont les jeunes enfants sont si prodigues.* » (P. 239. »)

Après les sciences, ce sont les lettres qui deviennent inutiles. « *Je demande que les jeunes mères sachent lire les langues à alphabet spécial : l'allemand et le grec par exemple.* (Attendez.) *Qu'elles se défendent de savoir le grec comme la sœur d'Armande* (Ô Molière !), *mais qu'elles sachent au moins reconnaître les limites d'une version ou faire réciter une leçon.* » (Même page.)

Ainsi, en fait de connaissances positives, une nomenclature, c'est-à-dire des mots ; en fait de littérature... des mots seraient trop forts cette fois, disons des lettres, et voilà le bagage de la femme qu'on devait si bien munir !

Il faut appuyer sur ces choses qui reparaissent périodiquement et pour qu'elles ne se reproduisent plus ; il faut appuyer en suivant nos auteurs, qui ne craignent pas de patauger plus qu'il n'est permis à l'homme, tiraillés qu'ils sont entre de vagues aspirations vers l'avenir et les traditions de la routine. Le passage suivant — à la Prudhomme — n'est pas indigne des citations précédentes ; c'est une paraphrase du vers de Molière :

Je consens qu'une femme ait des clartés de tout.

où le bonhomme Clitandre ne trouverait rien à reprendre : « *Vouloir cantonner la femme dans une instruction élémentaire, quelque solide qu'on la suppose, est une grave injustice et une non moins grave imprudence. Il faut lui donner les appétits distingués de l'intelligence pour qu'elle les transmette et les développe chez ses enfants* (un radical comme nous ne dirait pas mieux, mais attendons la fin); *mais grâce à sa merveilleuse compréhension il suffit de lui faire apprendre l'alphabet de toutes connaissances pour qu'elle en sache assez pour sauvegarder devant ses enfants le prestige de l'infaillibilité maternelle et les diriger dans leurs études.* » (P. 234.)

Après le coup d'encensoir, le coup de pierre de l'ours, car il paraît qu'on n'est pas plus galant que sensé avec une mauvaise cause :

« *Il est inutile qu'elle sache tout, mais elle doit tout comprendre. Et combien elle est merveilleusement organisée pour ce dernier office ! La vivacité de la conception supplée presque le savoir chez elle ; ce que nous apprenons laborieusement, elle le devine d'instinct, et ne possédant pas le fond des choses elle en saisit merveilleusement les contours.* » Sic. (P. 232.)

La conclusion du parallèle qui se poursuit sur ce diapason est immense, pour n'être pas nouvelle :

« *Les hommes sont faits pour écrire, les femmes pour parler.* » (Même page.) . . .

. . . . . . . . . . . . . .

Que cette phrase soit la justification de nos longs emprunts, elle tient de très près à l'adage napoléonien. Or, je devais faire juger en toute connaissance de cause l'écrivain qui l'a émise ; il compte dans le bataillon que j'ai pris à partie au commencement du dernier chapitre.

L'écrivain a dit encore, page 225 : « La femme est dans la mère, et pas ailleurs ; la maternité est son alpha et son oméga. » J'ai dû montrer où conduisait ce point de vue : la démonstration par l'absurde n'est pas la pire de toutes.

Nous ne quitterons pas M. J.-B. Fonssagrives sans considérer comment, abordant de plus près la matière qui lui semble la plus familière, l'hygiène, il propose aux dangers qu'elle court par suite de l'ignorance et de la routine, une panacée inattendue. Il avait dit, page 247 : « *Les mères savent par l'épreuve de leurs propres souffrances et des misères qu'elle ont traversées, combien la fonction mensuelle importe à l'équilibre de leur santé ; mais personne ne leur ayant appris à la diriger à leur profit, elles s'acquittent généralement fort mal de cette tâche au profit de leurs filles.* » Et un peu plus loin, page 153, dans le même ordre d'idées, il ajoutait : « *La routine a formulé l'interdiction, chez les jeunes filles, d'une foule de médicaments ou de moyens, et, comme toujours, ces incompatibilités dont la plupart ne reposent sur rien de fondé, ne*

*manquent pas de se dresser, en cas de mala-
die, devant les prescriptions médicales et leur
créent de sérieuses entraves.* » Alors, l'éten-
due du mal une fois constatée, là ou le vulgaire
dénoncerait comme le principal coupable le
monopole masculin qui rend l'autre sexe
étranger aux connaissances médicales, l'homme
de l'art, lui, accouche d'une invention qu'il
appelle le *Livret maternel pour prendre des
notes sur la santé des enfants*, invention dont
il développe tous les avantages dans une brochure in-18, Paris, 1869. C'est, d'après les
termes de l'inventeur, qui ouvre vraiment de
nouveaux horizons... au rôle automatique de
la femme, « *un petit guide destiné à recueillir
les renseignements de toute nature qui se
rapportent à l'éducation des enfants des deux
sexes, et dans lequel sont des tableaux de
poids et de croissance dont la tenue à jour
coûterait certainement bien peu de peine, et
qui seraient d'un intérêt pratique des plus
réels* ». (Page 9 en note.)

Si tout ne va pas parfaitement par la suite,
le principal au moins sera sauvegardé, à
savoir l'amour-propre de l'homme et son mono-

pole. Quant à la femme qui ne sait ni la chimie ni la physique, elle sera garçon de laboratoire ou teneuse de livres tout au plus dans l'éducation, comme elle était un perroquet dans les études naturelles et une sorte de *moniteur* pour les langues étrangères à alphabet spécial.

# BÉBÉ *(Suite)*

J'ai montré jusqu'ici que la science chez la femme était nécessaire à l'enfant et que l'ostracisme de la mère se résolvait en une espèce d'infanticide. Il me reste à faire voir que ce qui est nécessaire est possible et pratique. Je n'invoquerai pas pour cela l'argument théologique que la Providence ayant créé un besoin, doit avoir donné le moyen de le satisfaire : ceux à qui je m'adresserais me reprocheraient d'employer une argumentation *ad usum mulierum*, quoiqu'elle ait été trouvée par des hommes, et des hommes célibataires... Non, voyons ce qui se passe et ce qu'on nous objecte ; et autant du moins qu'il est permis à un sexe de se substituer à l'autre pour en conclure ce qui lui convient, montrons que

faire des livres n'empêche pas de faire des
enfants. Cette réserve formelle mais prudente
que je viens d'énoncer ôtera peut-être de la
valeur à mes conclusions ; mais ce n'est pas
moi qui me crée mes conditions de raisonnement, vicieux en un point évidemment ; ce
qu'on pourrait me reprocher ce serait de manquer de loyauté en ne rappelant pas quelles
elles sont ; les rappeler d'ailleurs, n'est-ce pas
en hâter la disparition par la réprobation
critique qu'elles inspirent ?...

La principale objection (je ne parlerai que
de celles qui sont spécieuses) qu'on fait à la
femme savante, sur ce que le temps donné à
une occupation sera pris sur l'autre et sur ce
que sa vie ne peut suffire à tout, cette objection
d'abord ne s'adresse évidemment pas à toutes
les femmes : il y a une classe qu'elle n'atteint
pas, celles qui, l'enfant une fois mis au monde,
ne s'en occupent guère, l'abandonnant aux
nourrices et aux domestiques. Cette classe vous
ne l'avez pas supprimée, malgré toutes les
exhortations possibles, et j'ajoute qu'avec votre
point de départ, vous ne méritiez pas de la
supprimer... Est-ce à dire que nous avons

l'espoir de mieux réussir et de faire ce que l'Emile de J.-J. Rousseau n'a pas fait? Peut-être. Mais là n'est pas la question. La vérité est qu'une classe, assez notable, ma foi ! pour qu'on en tienne compte, s'occupe peu ou pas du tout de sa progéniture, parce qu'elle a à son service des gens qui la remplaceront (et, peut-elle penser, qui la remplaceront très bien en définitive pour ce qu'elle serait à même de donner). Il faut donc faire des catégories, bon gré, mal gré : et déjà nous apercevons ce que l'objection présente avec son air dogmatique avait de peu serré, puisqu'il y a des milliers de cas qui passent à travers.

Cette première catégorie de femmes, pour procéder par ordre, qui se substituent des étrangers dans leur mission, ne perdrait rien sans doute à acquérir un peu et beaucoup de science, puisque ce faisant elles n'enlèveraient rien à l'enfant ; j'ai même la prétention d'affirmer que si quelque chose est capable de ramener ces mondaines endurcies aux idées sérieuses du devoir, ce sera probablement plutôt les occupations que je conseille que celles auxquelles elles se livrent. Combien, du reste, si on le

prend d'un autre côté, pour les esprits naturellement affinés et élevés et que le terre-à-
terre du ménage avait pu rebuter, combien la
maternité comprise autrement qu'elle ne l'est,
c'est-à-dire comme l'effort d'une intelligence
autant qu'une corvée de bête de somme, re-
prendrait de son attrait et redeviendrait vite la
fonction enviée ! Nous admettons que nous nous
bercions d'illusions ; il faut toujours nous ac-
corder qu'on ne risque rien à l'essai, et que le
système, s'il est *innocent*, au moins n'est pas
subversif pour la famille, — abstraction faite
de l'intérêt de la science, qui est bien un peu
de notre côté. Éliminons donc les gens riches
ou à peu près riches qui ne se servent pas eux-
mêmes et surtout ne servent pas leurs enfants.
Reste la grande masse, me direz-vous, qui se
conduisent d'une façon tout opposée et paient
de leur personne quand il s'agit de leur lignée.
Ici tâchons de voir clair dans cette grande
masse touffue qu'on nous jette à la tête et passons, s'il se peut, comme au crible cette espèce
qui renferme tant de familles. La statistique
ici nous manque forcément, et nous raisonnons
approximativement, à grandes lignes : le tout

est que nos aperçus ne choquent pas le lecteur
et que la somme d'arbitraire qui s'y glissera
ne lui paraisse pas de la mauvaise foi. Il ne
tiendra pas à nous qu'il n'en soit ainsi....

Un fait commun à toutes les femmes qui
composent la seconde et dernière catégorie à
laquelle nous sommes arrivés, c'est qu'il n'y a
pas d'étrangers employés moyennant finance
autour de Bébé, c'est que Bébé n'est pas entre
mains tierces : mais voilà le seul point commun, remarquons-le bien, duquel il ne s'ensuit pas le moins du monde que le bébé soit
toujours aux mains de la mère alors même
qu'il en aurait besoin. Pour ne dire qu'un mot
des soins donnés par les frères et sœurs aux
plus jeunes, on ne s'imagine pas combien cette
espèce de suppléance est poussée loin dans les
classes nécessiteuses... Non que nous la sou-
tenions, surtout dans ses excès où elle devient
un supplice pour l'aîné en même temps qu'un
danger pour l'autre : mais bonne ou mauvaise,
c'est encore là un fait indéniable et qui n'est
pas prêt à disparaître et contre lequel nous n'a-
percevons aucune croisade formée par nos
contradicteurs. Le temps pris pour s'instruire

ne serait pas volé à l'enfant, dans les moments
où l'enfant ne se doute pas qu'il a une mère.
— Mais l'enfant du pauvre n'a pas même toujours ce périlleux secours de l'aîné ! Que de
fois, vagissant, il n'a que le désert autour de
lui et ne risque nullement, hélas ! dans les bras
d'un étranger, de se désaffectionner de sa
mère, alors que celle-ci peine au dehors pour
soutenir un être qui demande ses soins de
toutes les façons et aux besoins duquel elle ne
pourrait convenablement suffire qu'avec le don
d'ubiquité... Ces situations sont poignantes et
insolubles : on n'aura pas la mauvaise grâce de
nous demander comment nous ferons des savantes de celles-là du jour au lendemain ; la
situation de leurs époux et de leur entourage ne
les engagera pas non plus à avoir cette exi-
gence. Remarquons que notre thèse n'est pas
le nivellement des fortunes et des conditions
sociales, mais bien, dans chaque fortune et dans
chaque condition prise à part, l'égalisation des
sexes. Quand il y a peu ou point de pain et
encore moins de beurre dessus, ce serait une
ironie de demander autre chose, et la science
suppose ordinairement un certain degré de

bien-être. Si donc nos adversaires étaient ten-
tés de se prévaloir de l'impossibilité où sont
beaucoup de femmes de s'instruire (et, remarquons-le, avec ou sans enfants), nous les aver-
tissons que leur objection porterait plus loin
que nous, alors que la même impossibilité
existe pour l'homme ; et bonne peut-être contre
la thèse de l'instruction universelle et gratuite,
tombe à plat devant la nôtre. Où il n'y a rien
chez le mari, la femme perd ses droits, dirons-
nous en parodiant un mot célèbre. Faites d'a-
bord que le mari ait sa somme de loisirs, si petite qu'elle soit. — Et ce but tant cherché, si
nous ne craignions d'être entrainés dans une
digression économique, peut-être nous serait-
il facile de montrer que nous en sommes beaucoup plus près que personne, et que notre voie
de réformes y conduit plus directement que
toute autre. — Et comment ? Mais par la somme
de richesses que nous présumons devoir sortir
des nouvelles forces perdues pour la société
jusque-là dans l'oisiveté de la vie végétative
ou des futilités, richesses qui s'épandront en
définitive en bien-être général sur ceux que la
réforme n'atteindrait pas personnellement : car

nous sommes, j'imagine, revenus de la fausse
idée que le bien des uns était le mal des autres
et qu'il y avait des pauvres parce qu'il y
avait des riches. Ici l'inanité de ce jeu de mots
peut se prouver par $a + b$. Si, en effet, les
choses nécessaires à l'existence augmentent en
quantité et par suite diminuent de prix, — ce
qui est la conséqence de tout progrès matériel
ou scientifique, — la mère ayant moins à son-
ger aux premiers besoins dont elle se procure
plus facilement la satisfaction, sera riche de
toute la tendresse qu'elle pourra épancher sur
son enfant et de tous les loisirs qu'elle aura à
lui consacrer. — De quelque côté donc qu'on se
tourne, notre doctrine est bonne, elle est féconde, c'est-à-dire plus que pratique.

Examinerons-nous enfin, pour ne pas nous
en tenir aux extrêmes, la position de ces
femmes de petite bourgeoisie, comme on les
appelle, qui constituent, selon un illustre auteur, la base la plus solide de nos sociétés
modernes ? Soit. Ce sont ces classes qui d'elles-
mêmes s'instruisent avec le plus d'ardeur,
étant dans une phase ascendante, et possédées
de l'ambition de parvenir ; là fleurit le régime

matrimonial de communauté qui associe, autant que sa défectuosité le permet, les deux époux dans la même destinée pécuniaire, les intéresse à la prospérité commune et par là surexcite leur activité. Ce serait là que l'instruction serait déplacée chez la femme plutôt que chez l'homme ? Mais d'abord il faut à cette femme, au comptoir, à la boutique, etc., une instruction professionnelle : et celle-ci n'appelle-t-elle pas l'autre, qui lui sert de base, agrandit ses horizons et multiplie ses procédés ?... (1)

---

(1) Veut-on savoir ce que pensait sur ces questions un membre éminent de l'épiscopat français, récemment décédé, et qui par état n'est point suspect de vouloir mettre la femme où elle ne doit pas être. M. Dupanloup exprimait ainsi ses doléances dans une brochure sur l'éducation des filles : « Il serait bien bon, dans une position même restreinte, que les femmes tâchent de savoir tout ce qu'elles peuvent savoir dans les professions auxquelles elles ont part. Il faudrait qu'une fille destinée à vivre à la campagne, apprît bien tout ce qui intéresse l'agriculture ; on en voit qui labourent, battent le blé, font les travaux d hommes, mais qui savent à peine quand il faut semer ou faucher. Une marchande sait bien écrire, calculer, c'est elle qui tient le comptoir, et pourtant elle est hors d'état de répondre aux questions d'un acheteur qui a besoin pour se décider sur la matière ou le genre de travail

Son temps, dites-vous, est pris entre son métier et ses enfants ; rien n'en peut être détourné si ce n'est au détriment de l'un ou des autres ? Mais d'abord, que c'est là connaître mal le genre d'occupations de ces femmes, généralement discontinues et bien plus assujettissantes qu'absorbantes ? Dans les entre-temps, dans les chômages de la journée, ainsi que fait l'ouvrier dans les soirées d'hiver, n'y a-t-il pas un moment pour lire, écrire, ou penser ? Voyons ! tout cela est simple, comme avoué, quand on arrive au détail ; et les impossibilités se dissipent devant la réalité — où rien n'est serré comme un dilemme. Il serait puéril d'insister, de discourir sur le temps perdu si souvent, parce qu'on ne le considère pas comme perdu dès qu'on ne voit rien à quoi l'employer mieux....

Et quand, après cela, on pense à toutes ces salles d'asile où l'enfant va depuis deux ou

---

qu'exige l'objet dont il est question. Mon mari vous dira cela quand il viendra, répondent-elles, et l'acheteur s'en va ailleurs. C'est qu'en général on n'attache aucun prix, dans notre société, à ce qui peut développer l'intelligence des femmes, à quelque rang qu'elles appartiennent. »

trois ans et où le principe de la division du
travail a reçu une si large application, qu'une
seule femme fait ce qu'auraient fait vingt mères
ou plus, et le fait mieux, — de telle sorte que
la petite personne et la grande y gagnent, — ne
trouve-t-on pas encore que les idées soutenues
ici non seulement sont de moins en moins
impraticables, mais qu'elles sont en plein dans
le mouvement général du siècle ? Cette éducation en commun à un âge si tendre, n'est-ce
pas la liberté pour la mère, autant qu'on peut
la désirer pour elle et qu'elle est en droit de la
vouloir, et ne résoudrait-elle pas à elle seule
bien des répugnances encore persistantes, quoique non formulées dans de nombreux esprits ?

Pourquoi donc avoir peur des réformes qui
se feront tôt ou tard et qu'appellent les autres
progrès, en apparence les plus étrangers ?
L'ancienne Romaine passait sa vie à filer les
vêtements de la famille (1), tableau poétique autrefois, si l'on veut, à cause de sa nécessité,
un peu monotone cependant ; tableau mainte-

---

(1) Inscriptions tumulaires portant ces mots sacra-
mentels à force de répétition : *Domi seda, lanifica.*

nant ridicule, aujourd'hui que nous avons les machines à filer, tisser et coudre. Qui eût dit que Jacquard ou Arkwright (1) serait la fin de la matrone ?

Où donc est la quenouille d'antan avec le rouet ? Ils sont au musée des Antiques, — et bientôt, espérons-le aussi, la locution de *couronne tombée en quenouille*, laquelle manque à tous égards de couleur locale. Eh bien ! l'État, en fondant, en multipliant les écoles, les asiles, ne peut-il pas être comme Jacquart un émancipateur de la femme, qui ne perdra rien à ne plus être rivée au bébé, et qui l'aimera d'autant mieux qu'elle aura plus le temps pour cela ? Est-ce que la qualité de la fréquentation n'en vaut pas la quantité ?

Tout n'est donc pas antinomie dans la nature : et nous aurions envie d'intituler cette esquisse à l'exemple de Bastiat qui a traité des Harmonies économiques, — *Des Harmonies morales ;* après avoir démontré que Science

---

(1) L'inventeur de la Mull-Jenny, dont quelqu'un a dit que sa découverte était l'abolition de l'esclavage des blanches.

et Fécondité sont sœurs, ici comme partout, au lieu d'être des ennemies ! (1)

---

(1) Après que ces lignes étaient écrites, un document concernant l'instruction primaire est mis sous nos yeux, qui est trop topique pour que nous le négligions.

Dans le sujet de rédaction proposé en 1877 pour l'examen du certificat d'études, aux élèves des écoles publiques et libres de filles de onze arrondissements de Paris, il fut demandé aux candidates d'indiquer les professions qu'elles avaient l'intention de prendre au sortir de l'école. Sur l'ensemble, 4 °/₀ comptent se livrer aux arts, 13 °/₀ doivent apprendre le commerce, 10 °/₀ voudraient être institutrices, 70 °/₀ se préparent à vivre du travail de leurs mains, etc. (couturières, lingères, modistes, giletières, passementières, piqueuses de bottines, blanchisseuses, cordonnières, boulangères, cartonnières, plumassières, doreuses, polisseuses sur métaux, jardinières, fleuristes).

Le journal qui analyse ce document (*XIX<sup>e</sup> Siècle* 20 septembre 1878), conclut par la réflexion suivante : « Quoi ! parmi toutes ces petites filles il n'y en a pas une qui ait répondu : — Mon métier ? Vous me demandez quel métier je veux faire ? Eh ! mais je n'en veux pas d'autre que d'être mariée et mère de famille. — Faire des enfants, et former des enfants, c'est là le vrai métier de la femme. »

A quoi nous nous permettrons de répliquer — sans nous arrêter plus que de raison à la formule napoléo-

Heureux ceux qui verront ainsi l'humanité
réconciliée avec elle-même ! Le xviiie siècle a
conçu et ébauché l'encyclopédie des sciences :
pourquoi le xixe n'en ferait-il pas autant pour la
synthèse des énergies humaines, s'il ne peut la
réaliser dans toute son ampleur, en laissant
ce soin à nos neveux ? Quand on pense qu'il
fut un temps où le célibat était l'attribut de la
science, et où le cloître était peut-être nécessaire pour abriter les lettres, n'est-on pas
amené à penser que l'évolution historique dont
l'homme seul a profité jusqu'ici, n'en est qu'à
sa première phase ? et la question à l'égard de la
femme ne se pose-t-elle pas aujourd'hui comme
elle se posait pour l'homme, alors que savoir
était synonyme de tonsure et qu'il n'y avait
qu'un même mot pour signifier gens d'Église

---

nienne déjà connue — que l'étonnement du journal
vise l'interrogation faite aussi bien et mieux que la
réponse donnée, à ce qu'il nous semble. Nous n'ap-
précions pour notre part ni la réponse ni l'interrogation : notre rôle est plus simple, il se borne à
les constater l'une et l'autre. Puisse ce document
être médité par les gens *pratiques* : ils verront alors
que rien ne mérite moins ce nom que la mère
exclusivement *mère*.

et gens instruits, — celui de *clerc?* Pourquoi verrions-nous mieux s'éterniser la corrélation des deux termes, mère de famille et personne inculte? Serait-ce pour confirmer une boutade authentique ou imaginaire de Napoléon ? — La spécialisation des facultés est de moins en moins leur mutilation, Dieu merci ! Croire autre chose serait bien mal comprendre les effets et le résultat final de cette grande loi de la séparation du travail, qui a déjà produit tant de merveilles. Diviser pour régner ! La formule machiavélique est réhabilitée dès qu'elle n'exprime plus autre chose que l'exploitation méthodique et par là féconde de la nature ; mais si elle devait signifier l'amoindrissement de races entières par la déformation ou l'atrophie partielle de leurs organes, ne serait-ce pas la condamnation même du progrès?

# APPENDICE

L'ordre d'idée, que nous avons parcouru ne
nous a amenés à parler, on l'aura remarqué,
que des femmes mariées et mères de famille.
Quant aux autres — et il y en a quelques-unes, (1)
— que pourrions-nous ajouter qui ne soit déjà
dans les esprits ? Voilà une célibataire volon-
taire ou forcée — puisque dans nos mœurs il
est admis que la femme attende sous l'orme et
n'ait pas plus l'initiative en cela qu'en toute
autre chose ! Elle a des loisirs, il lui sera in-
terdit par les convenances ou par la loi de
s'occuper d'œuvres sérieuses ! Est-ce raisonna-
ble ? Elle ne ferait de tort à personne ; doit-

_______________

(1) Selon M. Elysée Reclus (*Nouvelle Géographie
Universelle*) il y a 18 femmes °/₀ qui sont célibataires et 11 °/₀ qui sont veuves.

elle à jamais se morfondre dans les bagatelles qui sont jusqu'ici son lot ou dans des pratiques dévotes qui ne lui agréent point ? Vous pouvez l'accuser, tant qu'il vous plaira, d'avoir à tort repoussé les charges du ménage si elle a été demandée, ou d'avoir manqué de qualités si elle ne l'a pas été : mais encore en sont-elles là où plusieurs d'entre nous en sont. Si c'est un mal de ne pas se marier, est-il bien juste de le reprocher toujours à celle qui n'a manqué de s'établir peut-être que par suite de ce qu'on ne la recherchait pas ? Quoi ! nous refusons à la femme le droit de manifester son sentiment, sous prétexte de décence, — ce qui lui ferme une première voie ; nous l'empêchons de se faire connaître, et par là d'inspirer un sentiment sérieux et hors du banal, — ce qui lui ferme une seconde voie ; et quand nous avons ainsi parqué cette victime dans l'isolement, nous lui refuserions même la lumière, et les jouissances qui découlent d'une haute culture intellectuelle !

Je ne veux pas accuser l'hommme plusqu'il ne le mérite. Mais enfin il y a aussi des femmes mariées qui n'ont pas d'enfant ou qui n'en ont plus. Que ferez-vous des femmes stériles, ayant ou n'ayant pas voulu être telles, aussi bien que des filles ? — Et si l'absence de Bébé ne vous suffit point et que vous invoquiez encore le mari auquel la femme se doit corps et âme, que ferez-vous de la veuve? La veuve doit-elle, comme au Malabar, renoncer à la vie sur la tombe de son époux? Et si aucun horizon ne lui reste, n'est-ce pas la mort pour elle ?

Avouons-le : quand il serait démontré que la femme est de par la maternité condamnée à rester dans les bas fonds de la civilisation, ou même que le seul intérêt de l'homme exige cela d'elle, il y aurait une classe de femmes ou des classes de femmes qui échapperaient fatalement à cet anathème; et contre celles-là l'anathème serait un odieux déni de justice !

# BÉBÉ *(Suite et fin)*

Nous n'avons parlé que de la femme dans les pages précédentes : mais n'est-ce pas autant pour l'homme que pour elle que nous aurions pu revendiquer son droit à *faire des livres ?* Pour l'homme, c'est-à-dire pour la civilisation tout entière, dont il a été jusqu'ici le plus complet représentant.

De quelle *Renaissance* ne pourrait-on pas se flatter avec l'égalité des deux sexes devant la science ? Les espérances, en ce point, peuvent être infinies sans être folles. La découverte du Nouveau-Monde n'aura pas été un plus grand événement ; l'antiquité ressuscitée au xvi<sup>e</sup> siècle n'aura pas apporté plus de lumières ni plus d'idéales voluptés.

Et qu'aurait-on à craindre de cet épanouissement vers lequel tout nous pousse à grand pas (projets de loi pour la fondation d'écoles normales et d'écoles secondaires de filles [1])? Est-ce la science qui protesterait contre cette nouvelle diffusion? Elle qui, comme le soleil, est faite pour luire sur tous, se révolterait-elle contre une vulgarisation qui supprimerait la dernière aristocratie, celle du sexe? Comment y perdrait-elle? et, nous le demandons aux savants, qu'y risquerait-elle? Pour ceux qui pensent que la tournure d'esprit des deux sexes est identique, il y aurait augmentation d'une force unique, incomplète, empêchée jusqu'ici, — et ce que nous redoutons, ce n'est sans doute pas le pléthore. Pour ceux qui pensent qu'elle est différente, il y aurait rétablissement de l'équilibre par la recrudescence de cet élément féminin que nous prétendons rencontrer dans certains tempéraments d'hommes, et qui alors, au lieu de ne briller qu'en un pâle reflet et d'un éclat emprunté, se manifesterait dans l'énergie féconde et chaude de son foyer même...

---

(1) De MM. Paul Bert et Camille Sée.

Qui oserait dire que cette culture intégrale de la masse encéphalique, n'eût pas empêché plusieurs des déviations monstrueuses qui déshonorent l'histoire de l'intelligence et retardent encore son règne en faisant douter d'elle? Si bien que la réhabilitation de la femme par la science eut été en même temps la réhabilitation de la science par la femme ! Le passé s'écrie avec Platon que la femme est le désespoir de l'homme, et il s'écrie aussi avec le Faust de Gœthe que la science est une chimère. Ces blasphèmes ne seraient-ils pas connexes, et ne serions-nous pas condamnés par hasard à répéter le second, malgré notre amour du progrès, si nous ne nous mettions pas en mesure de ne plus jamais pousser le premier?

Cette triomphante niaiserie du moyen âge qui s'appelle la scolastique, machine à étouffer la pensée ailée et vivante sous les mots en faisant d'un raisonnement une formule algébrique, et qui fut adoptée par les meilleurs esprits, ne serait-elle pas à elle seule une leçon pour l'homme impuissant en même temps qu'une vengeance pour la femme rejetée du **monde intellectuel** ?

Si du moyen âge nous passons au xix° siècle, seraient-elles possibles avec l'esprit
humain nivelé toutes ces lamentables manifes-
tations d'une foi aveugle (1) qui, au Nord
comme au Midi de la France, à un moment
donné, nous rejettent à quatre ou cinq cents
ans en arrière ? Elles sont l'œuvre des femmes :
triste œuvre ! Mais on ne peut donner que ce
qu'on a. Les femmes sont l'œuvre de qui ?
Ah ! sachons l'avouer ; de gens qui ne donnent
pas ce qu'ils ont….

Et cependant, quel est notre aveuglement !
Nous nous épuisons en efforts contre les pèle-
rinages et les dévotions sacro-sanguines,
pareils à Don Quichotte combattant les moulins
à vent dans la nuit, puisque nous frappons des
corps inertes et des machines montées ! Nous
nous irritons que des corps où nous n'avons
rien mis sonnent creux ! C'est à croire que nous
voulons nous duper nous-mêmes, et que notre
amour de la science n'est qu'hypocrysie, comme
nos professions de foi au progrès des boni-

----

(1) Le livre sur *Notre-Dame de Lourdes* par
M. Lasserre était, en janvier 1879, à sa 92° édition.

ments de charlatans. Quoi ! nous savons que l'instruction a irrémédiablement détaché ses adeptes des croyances d'un autre âge ; que la science a tué la foi partout où elle triomphe — ce que celle-ci prévoyait bien dans les longs siècles où elle a lutté avec toutes les armes pour échapper à la logique de son principe ; nous savons que, même ce qu'on appelle *la plèbe*, jadis riant d'un rire affreux autour des *auto da fé*, ne rit plus que des bourreaux là où elle a appris à penser ; — et nous ne trouvons rien de mieux pour sauver la liberté de conscience, que d'édifier sur les concordats les appels comme d'abus (1), risibles palliatifs d'un mal organique ! Nous tirons triomphalement notre poudre aux moineaux, quand l'ennemi est dans la place, au cœur du foyer ! Est-ce de la politique cela, qu'on l'appelle opportuniste ou radicale ?

Jusques à quand, dans des pamphlets et des journaux aussi vaillamment rédigés qu'inutiles, continuerons-nous notre toile de Pénelope,

_____

(1) Sans compter les *Lois contre les Jésuites*. (Écrit en juin 1879.)

toujours à refaire avec les  mites et les termi-
tes qui la rongent d'une dent sûre ?

L'exercice a peut être du charme, mais ne
pensez-vous pas qu'il a du danger ? S'il est
vrai que notre parti soit pris, le culte d'autrefois jugé et son  incompatibilité avec la vérité
qu'il a partout niée ou conspuée démontré, —
est-il prudent de jouer avec le feu ainsi  que
nous le faisons ?

Est-il vrai qu'il n'a pas tenu  à  eux que la
première comme la  dernière des sciences  de la
nature ou de la vie, ne fût étouffé au berceau ?
Est-il vrai que nous  défendrions au besoin de
notre vie, ce patrimoine collectif de l'humanité,
légué par les héros et  les penseurs ? Est-il
vrai qu'il y a eu des  invasions de barbares
ayant ruiné des civilisation dont l'éclat pos-
thume nous illumine encore ? — Eh bien ! les
barbares sont à nos portes ! Bien plus  qu'ils
ne l'étaient à la chute de l'empire romain, bien
plus à redouter qu'alors, parce qu'ils font avec
système ce que d'autres faisaient par stupidité.
Ils ont brûlé des bibliothèques, et ils savaient
lire ! ils ont brisé des chefs-d'œuvres, et ils
étaient en état de les comprendre ! — Hélas !

en leur livrant le sang de notre sang et la
chair de notre chair, nous exposerons-nous à
renouveler le sacrilège qu'ils commirent sciem-
ment, eux, à côté d'autres qui le commettaient
insciemment.

Faut-il répéter ce qu'un auteur a dit dans
une formule lumineuse? *L'esprit scientifique
consiste dans la négation du surnaturel.* Vous
savez comment on obtient le premier ; il n'y a
qu'un moyen pour cela : Vous savez ce qu'on
peut attendre du second, l'ayant vu à l'œuvre.
L'absence de l'un, c'est le triomphe de l'autre.
Établir solidement, Dieu régulier et immuable,
c'est ruiner définitivement Dieu miraculeux.
Pour la fin que nous voulons, nous avons un
moyen infaillible entre les mains : quand au-
rons-nous cessé d'être brouillés avec la logique,
et en même temps qu'avec la logique, — avec
nos compagnes ? (1).

---

(1) Ici comme dans le chapitre précédent nous
n'avons qu'à enregistrer un document tel que nous
n'aurions pas osé espérer mieux comme manifestation
des progrès de notre cause dans les esprits.

Le Club-Alpin, réuni en congrès à l'occasion de
l'Exposition Universelle, écoutait les paroles suivantes

prononcées par son président : « En vain vous en (de la France) décrirez avec l'enthousiasme le plus éloquent les merveilleuses curiosités naturelles, monumentales, artistiques ; en vain vous énumérerez, vous en célébrerez les richesses scientifiques : tant que vous ne pourrez pas vous faire suivre (à cause du manque d'auberges) dans vos excursions, de vos mères, de vos femmes, de vos filles, vous n'aurez pas accompli votre tâche, vous n'aurez pas rempli votre devoir envers votre pays !... »

C'est en pleine Exposition, devant des gens de tous pays, par la bouche du président d'une association pour ainsi dire nationale, qu'on demande des femmes touristes — ce qui vaut pour le moins des femmes bas-bleus ! Pauvres doctrines officielles, qu'allez-vous devenir si l'on sort ainsi la *reine du foyer* de sa sphère, et surtout pour autre chose que pour la prosterner devant quelque fétiche !

# DEUX MOTS D'HISTOIRE

La femme est une race conquise — comme
l'ont été les Gaulois sous les Romains, les
Gallo-Romains sous les Francs et les autres
barbares, les Grecs sous les Turcs. De là sa
sujétion qui s'explique comme la leur. Conquête
d'ordre domestique, au lieu d'être d'ordre politique : à part ce détail elle n'est qu'un des
nombreux exemples que nous offre l'histoire,
laquelle n'est elle-même le plus souvent qu'un
long récit d'invasions, de superpositions violentes
de peuple à peuple. Ici la guerre, au lieu d'être
internationale, étrangère, a été civile, que di-
sons-nous? intestine *et privée*, comme il n'y
en eut jamais... nous n'osons pas dire qu'elle
continue.

C'est l'histoire du pot de fer et du pot de terre voguant ensemble et dont l'un est infailliblement brisé. Dis-mois qui tu hantes et je te dirai ce que tu es.

Que le *modus vivendi* fait à la femme soit le résultat de la conquête, c'est ce que l'examen des institutions juridiques chez des peuples déjà avancés nous prouverait à défaut de la nature des choses. La vente dont la femme était l'objet quand elle se mariait (*coemptio*) suffirait à elle seule à lui assigner d'une façon incontestable le rôle que nous prétendons avoir été le sien. La femme élément de propriété! telle est l'idée qui se dégage de la législation romaine dans ce qu'elle a de plus original, alors qu'elle nous révèle un état de civilisation suffisamment éloigné du nôtre : comme tous les autres objets de propriété, susceptible d'être acquise par une vente, par une prescription (*usu*), de sorte que les jurisconsultes philosophes des IIe et IIIe siècles de notre ère avaient bien perdu de vue le point de départ et l'esprit même des institutions dont ils parlaient encore quand ils donnaient du mariage la définition si souvent rappelée : « *Conjunctio viri et mulieris, individuam vitæ consue-*

*tudinem continent* ». (1) On ne s'unissait pas à
sa femme, on l'acquérait encore une fois, et
l'usage séculaire en d'autres pays du cadeau fait
au père de la fiancée — quelque flatteur qu'il
fût dans un sens pour la femme, estimée à l'égal
d'un trésor (nous avons tellement changé de
point de vue !) — n'était pas autre chose qu'un
prix réalisant le transport de propriété d'un être
pleinement dans le commerce au moins d'homme
à homme. Or, s'il est vrai que la femme fît partie du patrimoine, comme celui-ci d'après toutes
les données historiques et d'après le symbole
même de la propriété usité dans la revendica-
tion (*vindicta* ou *festuca* baguette, traduction
adoucie de *quiris*, lance, d'où *propriété quiri-
taire*), comme celui-ci était le produit de la conquête ou de la violence, il s'ensuit invinciblement
que la même idée de prédominance brutale
plane à l'origine de la situation faite à la femme,
et que les relations des deux sexes réalisent
avec plus ou moins de perfection, selon les
temps, l'asservissement du faible au fort.

---

(1) L'union de l'homme et de la femme entraînant
comme une confusion de personnes.

Sur cette constitution primordiale de la famille, où la fable de *La Part du lion — ego quia nominor leo* — aurait été déjà vraie, se modela l'organisation de la cité antique, dérivée elle-même de la *gens*, du *dême* ou de la tribu; et enfin celle de la nation moderne elle-même. Le régime patriarcal de la monarchie légitime, qu'on nous vante encore, n'est pas si loin de nous que nous ne puissions nous rendre compte, par l'influence du régime domestique sur l'état politique, de ce qu'a dû être le premier. Ici comme là, il fallait un chef; et quel chef! nous le savons, nous autres hommes qui avons renoncé à lui demander ses services, car ils nous paraissaient lourds. Et pourtant, si nous regardions aux services que nous rendons à notre tour à des personnes qui ne nous les demandent point, quand nous ne le leur faisons pas dire....

Car une fois établi, l'asservissement dont nous parlions tout à l'heure, on ne manqua pas de bonnes raisons pour le perpétuer. Ces raisons dissimulaient la brutalité du point de départ et rendaient définitif l'état qui en était sorti, en le fortifiant contre les protestations qui auraient pu s'élever. — C'est d'abord l'intérêt aristocratique qui se présenta pour faire restreindre le nombre des propriétaires, et comme les femmes *capables* auraient augmenté ce nombre de moitié, pour amener leur incapacité quant à l'exercice des droits pécuniaires ou quant aux droits eux-mêmes. Puisqu'il fallait un chef devant qui tout se courbât, rien de plus simple, n'est-ce pas, que de mêler la femme (1) aux enfants, — et à des enfants de 40 ou 50 ans, puisque la puissance paternelle était indéfinie, cela n'avait rien de particulièrement injurieux. Et voilà la famille patriarcale dans sa seconde phase, sous le poids de laquelle encore ploie la mère.

C'est ensuite, quand ces idées aristocratiques eurent cédé le pas, la fameuse raison donnée par Cicéron précisément sur le passage des anciennes aux nouvelles mœurs romaines, cette raison que nous n'énonçons plus que timidement et avec une certaine honte, l'imbécillité du sexe (*imbecillitas sexus*), puisqu'il faut l'appeler par son nom, qui nécessitait son infériorité. Pour le coup l'ironie était un peu forte, que la femme se vît reprocher comme cause de

---

(1) Dite à l'égard de son mari *loco filiæ*.

déchéance ce qui était pour elle une cause suprême de griefs contre son antogoniste qui s'était attribué le monopole de l'activité et des lumières. Et l'on croirait à peine qu'une théorie ait pu s'édifier sur une pareille moquerie, si l'on ne savait que « la raison du plus fort est toujours la meilleure » vérité que la sagesse populaire exprime ainsi à sa manière : Quand on veut tuer son chien on crie qu'il est enragé.

Car enfin, si habile que les hommes aient été pour colorer d'un beau nom de protection leur domination et pour vanter aux femmes les charmes de leur subalternisation présentée comme étant dans leur propre intérêt, il y a des monuments impérissables qui ne peuvent rentrer dans cette thèse ingénieuse, et qui, en dévoilant le véritable motif de l'inégalité des sexes, doivent la rendre à jamais odieuse. Qui soutiendra, par exemple, que l'impossibilité, pour les femmes, d'hériter, soit absolue, soit relative, qui se rencontre en un si grand nombre de pays et de siècles, — à Rome quelque temps après la loi des Douze Tables quant aux *agnates*, et au dernier siècle de la République par la loi *Voconia* pour les fortunes d'un certain taux, dans notre ancien droit français par la renonciation anticipée aux successions paternelles exigée des femmes dotées, et plus généralement par tous les privilèges constituant le droit de masculinité, — qui soutiendra que cette impossibilité ait eu aussi pour but le bien de la femme ? Que celle-ci soit impuissante à gérer, inapte à bien se conduire, nous le voulons encore. Mais il ne s'agit de rien de tel dans l'espèce : il s'agit de savoir tout simplement si la femme sera aussi riche que l'homme, aussi indépendante dans la sphère restreinte de ses jouissances et de ses commodités. Cela, nous le lui interdisons (nous l'avons fait du moins) pour être mieux ses maîtres et mieux à même de conserver les autres influences, alors que celle de la force pure allait diminuant. Nous admettons bien un partage de nous à nos compagnes, mais à la condition d'y présider, semblables à ces empereurs dont la domination était assurée pourvu qu'ils fournissent de temps en temps du pain et des cirques, *panem et circences*, maires de palais au besoin de nouveaux rois fainéants....

Qu'est-ce qu'elles eussent dit, si elles avaient

pu parler, ces femmes frappées par la loi Voconia ou par nos coutumes féodales ? Auraient-elles remercié de leur bonté ceux qui pour les dégager de tous soucis, leur enlevaient toutes ressources ?

Et que diraient encore leurs filles, s'il y avait quelqu'un pour les entendre ? Quel concert d'imprécations au lieu de quelques protestations isolées qui se font jour !... Car le silence relatif d'aujourd'hui n'est pas plus concluant que celui d'hier et ne peut pas plus être invoqué pour le maintien du *statu quo*. Les femmes, aujourd'hui comme hier, se sentent hors de l'équilibre général (aujourd'hui mieux qu'hier, parce qu'elles prennent de plus en plus conscience d'elles-mêmes), se plaignent, recourent à mille superstitions pour échapper à la réalité qui les blesse à chaque pas et devant laquelle elles se prennent à dire : Mon royaume n'est pas de ce monde !

Et tel qui nous reproche en ce moment de nous faire l'avocat d'office d'une cause imaginaire, va partir en guerre contre les revendications de celles qu'il appelle ironiquement des *incomprises*, — mot malheureusement trop juste et qui est bien plus un aveu pour celui qui le lance qu'une flétrissure pour celle qu'il atteint ! Car, nous nous y attendons, nous y sommes habitués : les gens qui sont les premiers à dénoncer le malaise pour le reprocher aux femmes incapables de le justifier, seront les plus ardents à le nier en présence de leurs défenseurs qui voudraient y mettre un terme ou y porter remède. Ce double jeu fait le fond de la tradition routinière depuis bien des lustres : en compagnie de la femme et dans les salons, lui faire un crime de ses prétentions qu'on taxe d'outrecuidance, dans la polémique publique taire les prétentions et invoquer un silence qu'on a tout fait pour produire.

Notre théâtre est encombrée de *Sphinx* de tout acabit, pour les appeler comme M. Octave Feuillet (M. Belot les appelle *femmes de feu*, M. Dumas fils, *femmes du demi-monde*), et personne ne se met en peine de donner le mot de l'énigme. (1) C'est probablement qu'aussitôt

---

(1) Ces Messieurs devraient bien relire Juvénal, qui, en présence de mœurs fort semblables aux nôtres, se plaisait aussi dans ces mélanges d'héroïsme et de

le mot dit, le type de la femme puissante individuellement et socialement impuissante qui, est au fond de toutes leurs conceptions, serait à jamais perdu et la veine si féconde par là même épuisée, puisque tout l'intérêt de la chose gît dans la désorientation de facultés qui dès lors auraient trouvé leur voie et dans le vide immense d'un cœur qui dès lors aurait trouvé son aliment..

En attendant, il est toujours bon de dauber les absents ; et qu'est-ce autre chose que la femme qui n'a pas la parole ? On lui jettera à la tête comme une suprême injure le groupe des hallucinés et des voyants qui compte dans

---

turpitude, comme le prouve le vers suivant avec d'autres semblables qu'on dirait écrit d'hier :

*Fortem animum præstant rebus quam turpiter audent.*

(Satire VI, *Des femmes.*)

Crainte de rabâcher et pour trouver du nouveau, ces Messieurs essaieraient peut-être de voir un peu plus loin que leur nez et trouveraient cette simple conclusion à toutes leurs thèses, à savoir qu'une liberté toute superficielle combinée avec l'égalité des partages ne pouvait pas produire autre chose que ce que déplorait récemment un publiciste de leur école dans *Les femmes et la fin du monde.*

son sexe ses plus fameux et ses plus nombreux héros : et la voilà décrétée d'imbécillité ! Répondra-t-elle d'où cela lui vient, que son imbécillité est notre propre ouvrage, qu'on lui refusait la vérité et qu'elle l'a improvisée ; que tout son tort a été dans ses fantasques révélations de vouloir approcher de Dieu trop vite au lieu d'y aller par degrés ; qu'elle ne pouvait pas chercher avec Newton des formules scientifiques qui donnassent raison peu à peu de tout, comme la gravitation universelle le fait pour un monde de phénomènes, et qu'elle a pris un fétiche décoré d'un nom en désespoir de cause ?... (1)

Incomprises ! J'en aperçois de grandes dans l'histoire, et qu'on n'a comprises que trop tard, hélas ! Jeanne d'Arc en était une, qui fut condamnée pour hérésie un peu, et beaucoup pour avoir porté l'habit d'homme (voir son procès). N'a-t-elle pas eu, n'a-t-elle pas de descendants

---

(1) Une chose bien remarquable qui ressort des procédures des inquisiteurs, c'est que le penchant pour le culte et la religion du diable — la démonolâtrie se communiquait surtout aux femmes. (Voyez Calmeil, *De la folie*, page 161, tome I.)

que nous usions encore de ce vocable désho-
noré qui a servi à tuer jadis pour cause de
sorcellerie et qui peut tuer encore par le ridicule ? Si l'on a pu dire du crucifiement de
Jésus qu'il était la condamnation de la peine
de mort, que faut-il penser du sort de l'hé-
roïne de Domremy, brûlée vive pour avoir agi
virilement en dépouillant les attributs de son
sexe ? — A cela on ne s'arrête point ; il est
beaucoup plus simple et beaucoup moins hu-
miliant de faire et de refaire la liste des favorites royales qui, sous la bonne race des Capets,
ont mis la France en coupe réglée pour leurs
plaisirs et leurs caprices... J'ai sous les yeux
un article de revue (1), paru en 1872, où l'on
énumère avec complaisance leurs hauts faits
dont rien n'était à l'abri, « ni la politique générale, ni les finances, ni la prospérité du
royaume ». Ce thème est inépuisable sous la
plume du publiscite, depuis « la paysanne Fré-
dégonde venant s'assoir sur le trône de Clovis
en marchant sur les cadavres d'Andovère et

---

(1) De M. Charles Louandre, *Revue des Deux
Mondes*, 1ᵉʳ octobre 1872.

de Guleswinthe », jusqu'à la Pompadour ou à la Dubary, qu'il suffit de nommer, en passant par la Maintenon, qui « prépara Louis XIV à la révocation de l'édit de Nantes. » Bienheureux encore quand l'écrivain, moraliste comme l'est celui-ci, pour expliquer « les cinquante-sept favorites publiquement avouées avec la centaine d'enfants naturels bâtards de France, ou princes légitimés, qui forment le bilan des galanteries royales de 1400 à 1754 », bienheureux quand l'écrivain laisse échapper cette phrase : « Les favorites... ont vengé les femmes que la fiction de la loi salique avait exclues de la succession au trône, en créant à côté du gouvernement légal un gouvernement occulte, mystérieux et irresponsable ; leur puissance a été d'autant plus grande qu'elle ne connaissait d'autres bornes que la volonté des rois qui étaient à leurs pieds, d'autre écueil que la satiété et l'impérieuse faiblesse de leur sexe. » Voilà qui les venge bien aussi devant la philosophie de l'histoire, en faisant toucher du doigt la cause du mal, et qui rachète largement le réquisitoire sans merci qui s'étale en de nombreuses pages : car chaque mot de cette dernière phrase vaut dix pages de faits....

Serait-ce donc que la loi de justice des compensations se réalise déjà sur cette terre, et que le premier châtiment de l'oppresseur consiste dans les vices mêmes de sa victime ?

Nous crions bien haut : Le droit prime la force ! Quand verrons-nous que la femme sourie devant ces proclamations qu'elle appelle des déclamations ? Nous nous étonnons qu'elle n'admire pas nos principes (1) ; quand verrons-nous qu'elle n'a rien à démêler avec eux, puisqu'ils n'existent pas pour elle ?

Notre prédominance est fondée sur la force, et nous répudions la force sans répudier la prédominance : qui trompe-t-on ici ?

Comment ce qui n'est pas un titre de peuple à peuple ou de classe à classe, en serait-il un de sexe à sexe ? Si les Romains ont mis la main sur le monde au nom de la victoire, nous n'admettons plus la conquête comme cause de groupement ethnique : au moins la faisons-nous consacrer par le consentement des nations

---

(1) Rappelons seulement le mot récent de M. Gambetta, qui constate ce fait.

annexées, ce qui est une façon non dissimulée de couvrir et en même temps d'avouer le vice de l'origine. Si le seigneur bardé de fer a tenu sous le joug le serf désarmé, nous n'admettons plus la féodalité ni le servage, et d'ailleurs, la poudre à canon se serait chargée d'égaliser les conditions du combat et de ruiner la suprématie des ferrailleurs. Si le point de vue anatomique et musculaire est banni des relations sociales en fait et même des relations internationales dans la forme, comment se maintient-il comme dans un dernier retranchement, là où la loi d'amour avait sa première place marquée — au foyer?

Jusques à quand mettrons-nous en contradiction nos actes et nos paroles? Nous vantons l'état de civilisation, et avec juste raison, comme étant la fin du règne de la force, qu'il arrive à annihiler ; nous définissons une société policée, celle où une puissance impersonnelle publique protège le petit aussi bien que le grand, surtout le petit, car le grand se protégerait assez tout seul. Et, arrivés devant une moitié de l'espèce humaine, nous laissons tout cela ; nous le laissons pour lâcher la bride à nos convoitises

les plus intimes, les plus violentes, les plus in-
satiables : semblables à ces gens qui s'en tirent
avec une profession de foi et une amende ho-
norable qui n'engage à rien, de toutes leurs dé-
prédations et de tous leurs déportements.

Ah ! cette force physique qui infecte l'origine
des sociétés et qui corrompt encore les relations sociales les plus étroites et les plus in-
cessantes, bien loin qu'elle puisse devenir un
prétexte à des privilèges pour l'homme, devrait
plutôt agir en sens contraire.... Ici nous sentons le besoin de rappeler des faits connus de
tous pour montrer ce que peut produire le
principe « au plus fort le plus de droit »; dût-on
nous reprocher d'employer des tableaux au lieu
d'arguments, et nous accuser, avant de nous
avoir entendu, de conclure du particulier au
général, ce qui est un moyen aisé d'empêcher
les citations, alors même qu'on vous provoque
à en faire : quel frémissement d'indignation
n'avons-nous pas ressenti à la suite de ce récit
qu'on a pu lire dans plusieurs journaux :

« Le sieur Eugène (1), confectionneur de voi-

_______________

(1) Ces lignes sont empruntés au *Petit Journal* du

tures d'enfants, ouvrier laborieux, qui avait réalisé
quelques économies, avait fait, il y a un an environ,
la connaissance d'une jeune fille orpheline, qui
avait été élevée par une tante, la veuve S..., petite
rentière, qui lui servait de mère.

« La jeune fille était très jolie, mais elle boîtait;
de là, une certaine difficulté pour lui trouver un
parti.

« Au bout de quelque temps, le confectionneur
en voitures d'enfants s'adressa à la tante et lui
demanda sa nièce en mariage.

« Il gagnait de bonnes journées, disait-il ; sa
femme l'aiderait en apprenant son état : d'ailleurs,
il aimait la charmante fille et ne demandait pas de
dot.

« Le jeune homme ne déplaisait pas à la jolie
fille ; bref, la tante consentit et le mariage eut lieu
il y a environ quatre mois.

« La tante fit l'acquisition d'un mobilier conve-
nable et se chargea de l'installation du jeune ménage.

« De dot il ne pouvait être question, puisque les
revenus de la tante étaient de quatre mille francs à
peu près, ce qu'il lui fallait pour vivre.

« La brave dame trouva cependant moyen, le
jour du mariage, de glisser dans la petite bourse

---

26 août 1878, sous le titre — *Un mariage d'incli-
nation.*

de la mariée un billet de mille francs, et se chargea de tous les frais de la noce, qui fut très gaie.

« Le bonheur du jeune ménage, malheureusement, ne fut pas de longue durée. Bientôt les voisins des époux X…, établis passage Parmentier, entendirent des éclats de voix, des cris, des sanglots ; le lendemain, la jeune femme avait les yeux rouges.

« La tante, qui demeure à quelques pas des jeunes mariés, cessa, au bout d'un mois, d'aller chez eux ; le mari de sa nièce avait soutenu, tout à coup, qu'elle avait promis une dot de dix mille francs à cette dernière, et qu'elle manquait à sa parole ; la nièce, elle, continuait à venir voir sa tante.

« *A partir de ce jour, les scènes de violence et les cris se renouvelèrent tous les jours.*

« *Pendant la nuit de vendredi à samedi, vers une heure du matin, ces cris furent si affreux, que le cocher P…, dont le logement est contigu à celui des époux Eugène X…, se leva épouvanté, enfonça la porte de leur logement d'un coup d'épaule. Le mari s'acharnait sur sa femme, qu'il frappait à coups redoublés avec une canne à pomme d'ivoire.*

« *La malheureuse femme, à peine vêtue, râlait sur le parquet, perdant du sang par la bouche, les yeux et les oreilles.*

« Le cocher saisit le forcené et dégagea la malheureuse ; le mari, furieux, se retourna la canne levée sur le cocher P...; mais ce dernier se jeta résolûment sur lui en criant : A l'assassin ! au secours ! Il le saisit à bras-le-corps. Une lutte terrible s'engagea ; les deux hommes s'étreignirent et se roulèrent à côté de la jeune femme évanouie.

« Cependant d'autres locataires arrivèrent fort heureusement au secours du cocher ; des gardiens de la paix, attirés par les cris, survinrent également.

« Eugène X..., malgré une vive résistance, fut emmené au poste voisin et consigné à la disposition de M. Mariani, commissaire de police du quartier.

« *La malheureuse femme, dont tout le corps n'est qu'une plaie, a reçu les soins d'un médecin qui l'a rappelée à la vie ; mais il désespère de pouvoir la sauver.*

« La tante, prévenue, accourut en toute hâte et ne quitte plus le chevet de la pauvre mourante.

« Hier matin, Eugène a été interrogé par M. Mariani.

« Cet homme n'a témoigné aucun repentir ; lorsqu'on l'a emmené au Dépôt de la préfecture, il s'est écrié :

« — C'est pas fini, tout ça ; je lui ferai son affaire à elle et à la vieille, quand je sortirai. »

Cela se passe à quelques mois de l'affaire du pharmacien de la rue de Maubeuge (condamnation aux travaux forcés à perpétuité pour empoisonnement lent de sa femme).

Nous disons que c'est une honte pour la civilisation que pareille chose ait lieu en plein Paris, en plein XIX" siècle, et si pas une voix ne s'est élevée après le narré brutal du fait pour dénoncer le système dont il est l'œuvre, nous serons celle-là. Car il y a ici plus qu'un accident, il y a la conséquence d'un principe : nous sommes en présence d'un crime social celui de la puissance maritale avec son cortège de suprématies et d'immunités (1), de même qu'il y a eu autrefois les crimes du fanatisme. On ne manquera pas de s'écrier, que nous *citons* des faits : Eh ! croit-on qu'à part les abominations des dragonnades et de la Saint-Barthélemy, les Labarre et les Calas se soient

---

(1) Le mari pouvant ruiner sa femme avec des maîtresses et ensuite se prétendre outragé par un adultère qu'il a tout fait pour provoquer, voilà ce qui se voit en l'an de grâce 1879, pour la plus grande édification des admirateurs du code Napoléon ! Une affaire de ce genre — où la victime expie légalement ce qu'on lui a fait souffrir — est rapportée à l'appendice de ce chapitre, comme le couronnement de l'institution.

retrouvés tous les jours ? D'ailleurs, est-ce que le peu qui est découvert ne laisse pas entrevoir des abîmes de souffrance? Il est trop qu'un seul événement pareil puisse se produire. — « Comment l'empêcherez-vous ? entendons-nous demander ; d'autres crimes aussi se produisent ! » — Pas dans ces circonstances. Nous empêcherons que le crime dure, sinon qu'il se produise : et qu'il y ait des martyrs de profession. Nous accusons ici l'état social à cause de l'homme qu'on déclare le maître, de la femme qu'on déclare la servante. L'homme qui se croit infaillible, comment donc hésiterait-il dans ses velléités de toute sorte qui deviennent vite ainsi des tyrannies? Se voir à la tête de la société, n'est-ce pas une tentation à l'oppression ? On encense sa force, on en fait la base de son autorité : il en use; qui craindrait-il ?

La femme? Habituée à obéir, sait-elle seulement jusqu'où va le droit de son maître et où il s'arrête? D'ailleurs, n'a-t-elle pas passé par le mariage religieux, où on lui prêche la résignation comme le plus saint des devoirs, le mariage religieux, cette préface à l'Odyssée d'*Amen* qui va être son partage et devant

lequel nous boudons parfois, quoiqu'au fond
il ne nous répugne pas tant qu'il en a l'air?
Et quand cela ne serait pas, que sa volonté ne
serait pas morte, n'y aurait-il pas son ignorance pour la paralyser, — second cercle de
fer de sa camisole de force, — son ignorance
qui la rend incapable d'appeler au secours, à
côté de son manque de résolution qui lui en
ôte jusqu'à l'idée, sans compter son impuissance
matérielle à obtenir prompte justice, étant donnés ceux à qui elle doit s'adresser? Y a-t-il des
lois pour celles qui ont pour première loi de
reconnaître un maître absolu auquel elles ont
engagé leur personne et qu'elles doivent suivre
partout (art. 214) ? Y a-t-il des lois pour celles
qui ne les connaissent pas, n'ont jamais occasion de les appliquer ou de les citer, pour
celles qui ont à demander satisfaction à des
personnes intéressées à la leur refuser? — « Il
est faux, entendons-nous dire, que les juges
se refusent à condamner leurs semblables. »—
Oui, quand l'humanité proteste, peut-être (1);

______________

(1) Et encore? A ceux qui se feraient un dogme
de l'impartialité d'un tribunal d'exception, tel que le

oui, quand le mal est fait, quand le poison s'est lentement infiltré dans les veines ou quand le sang coule par les yeux et les oreilles ! Mais est-ce que jamais on prendra le parti de la femme alors que ce serait nécessaire, que la brutalité du mari nait ou s'épanouit et son égoïsme et son orgueuil, et que l'enfer commence ?... Voilà quand il faudrait une ressource,

---

sont les magistrats ou le jury dans notre matière, nous rappellerons seulement la pratique qui s'est introduite dans les cours d'assises de renvoyer absous les maris qui ont tué leurs femmes surprises en flagrant délit d'adultère. Non que la loi innocente cet acte absolument (article 324 de notre Code pénal), mais les jurés sauvent le coupable qui est un des leurs par un détour que nous nous abstenons de qualifier au point de vue juridique, à savoir, en répondant négativement à la question même de meurtre. Que penser de cette petite fantaisie de haut goût ? Comme invitation à une mode barbare, c'est parfait ; et comme application de la loi, c'est encore plus remarquable. Ne lit-on pas souvent qu'en ce qui concerne la prédominance masculine, les mœurs corrigent les lois ? Pour le coup, c'est d'une singulière façon ; et c'est tout autre chose que les lois qu'elles corrigent, — si bien qu'à ne pas aller plus loin, la situation de la femme pourrait être résumée en deux mots : une subordination bien définie, tempérée par un arbitraire indéfini chez le chef.

et jamais vous ne l'obtiendrez en restant fidèle aux vieux errements ; et cependant elle est simple, et cependant elle se trouverait toute seule si l'on se prenait à méditer au lieu de lever les bras au ciel dès qu'on parle de réforme. Et ainsi cette objection banale que l'homme étant le plus fort pourrait toujours en fait empêcher la femme de se plaindre, tombe par là même. Le mari ne pourrait sans doute pas plus qu'il ne le peut aujourd'hui séquestrer sa femme matériellement, le Code pénal s'y oppose (art. 341 et suivants), et en cet état il y aurait toujours une issue ouverte pour sa victime, si étroitement, si durement surveillée fût-elle. Mais ce que le mari ne pourrait plus, ce qu'il peut maintenant, ce que nous repoussons avec toute l'énergie d'une pitié soulevée par des actes d'horreur, c'est la séquestration morale qui résulte de l'ignorance de la femme, de sa peur de représailles ou de sévices plus grands, et du défaut enfin d'un *asile* — de cet asile que les esclaves trouvaient à Rome au pied de la statue des empereurs et les étrangers au moyen âge dans les églises... Cet asile serait un tribunal de femmes, ou bien où les femmes entreraient. Nous avons au nom de l'humanité demandé des femmes médecins ; c'est encore en son nom que nous demandons des femmes juges. Que si l'on trouve mieux, qu'on le dise !

L'homme a un avantage qu'il tient de la nature, et qui jamais probablement ne sera corrigé. Mais si nous admettons que ce n'est pas une raison suffisante pour lui livrer sa compagne à merci, nous devons, pour empêcher ce résultat toujours imminent, instituer plutôt la loi et les tribunaux pour celui qui est le moins capable de se défendre. Les lois s'occupent des faibles, nous l'avons dit et nous le répétons ; c'est précisément leur mission de réprimer les empiétements de ceux qui le sont moins, sur le droit de ceux qui le sont plus. Nous avons la Police et la Justice, qui coûtent au budget des centaines de millions, qui ne sont que pour cela : nous ne demandons pas que la Police intervienne dans le ménage, mais au moins, alors que cette grande garantie de l'élément préventif manque, que la répression soit efficace et certaine. Nulle part elle ne l'est moins, comme nous l'avons montré. — Quand les Plébéiens, sous la République romaine, voulu-

7.

rent se défendre contre la tyrannie des Patriciens, ils créèrent un tribun pris parmi eux qui opposait un veto aux prétentions abusives. Où est le veto? il est à rebours dans cette justice où la femme ne peut comparaître qu'autorisée du mari, ou, nous le savons, des juges tous maris ou en train de l'être. Ceux qui s'insurgent à l'idée de la suppression du jury en matière criminelle, ne sentent donc pas qu'il y a quelque chose de plus urgent à réprimer que l'esprit de corps étroit et dur de la magistrature, et que c'est l'esprit de corps exclusif du sexe masculin, pénétré du sentiment de son infaillibilité et de sa supériorité universelle? Il faut que les habitudes reçues forment un voile bien épais sur les yeux! Combien nous faudra-t-il d'empoisonnements à petite dose comme celui de la rue de Maubeuge ou de chair à pâté comme celle du passage Parmentier, pour nous émouvoir?

Supprimons d'abord, supprimons vite cette phrase qui forme le commencement de l'article 213 dans le Code civil : « Le mari doit protection à sa femme », et qui n'est là, à le bien prendre, que pour faire passer la fin de l'article : «... La

femme doit obéissance à son mari. » Car si ces
mots étaient autre chose qu'un trompe-l'œil et
une mystification (aveu recueilli dans les jurisconsultes officiels), savez-vous bien ce qu'ils
seraient? Une réminiscence et en même temps
une consécration ou une glorification de cette
force brutale que nous avons vue à l'œuvre tout
à l'heure, de cette force brutale dont nous con-
damnons tous tant que nous sommes, la seule
manifestation qu'elle puisse recevoir dans nos
sociétés civilisées, — à savoir un mari torturant
sa femme ; alors cet article 213 nous est odieux,
puisque cette idée de supériorité musculaire
qui lui aurait donné naissance a pu faire des
monstres de ceux qui en étaient trop préoccupés
ou l'avaient prise trop au sérieux.

Prise autrement, en tant que sauvegarde
pour la personne protégée contre des attaques
étrangères, cette prescription légale, cette décla-
ration (comment l'appeler ?) est puérile. Quand
donc et à quelle occasion, s'il vous plaît, le
mari a-t-il à invoquer son biceps pour protéger
sa femme ? En reviendrions-nous, par aventure,
aux guerres privées de famille à famille, tous
les membres devant endosser l'insulte ou le

dommage fait à un seul et se rendre justice eux-
mêmes pour en avoir plutôt fini ? C'est la *ven-
detta* corso ou bien le jugement de Dieu en
champs clos, qu'on veut sans doute rétablir, en
faisant du mari le champion de sa femme.... 
ou nous n'y comprenons absolument rien.

On se transporte dans un monde imaginaire,
quelque sérieux qu'on se proclame, si l'on
prétend fournir un chevalier servant à la femme
dans son mari : nos mœurs sont plus prosaïques
que cela. Une injure ou un coup s'expient devant un tribunal et sous les verrous de nos
jours, pas autrement que nous sachions. Et la
femme est suffisante pour conter son cas et obtenir la formule exécutoire : *Enjoignons à tous
les officiers de la force publique de prêter
main forte.* On ne peut pas exiger du mari
qu'il protége sa femme, parce qu'il n'a pas le
droit de la protéger depuis qu'il y a une puissance collective : il ne peut pas, comme nous
parlions tout à l'heure, se rendre justice à lui-
même, et il pourrait rendre justice à sa moitié !
Ce serait peu logique, si beau d'ailleurs que
cela pût paraître. Le mari prenant au sérieux
l'article 213, se verrait fort empêché au moment

de l'appliquer ; en employant un procédé de justice sommaire, il se sentirait appréhendé au corps par quatre gendarmes comme perturbateur de l'ordre et irait réfléchir sur les dangers d'une législation peu retenue dans ses apothéoses du sexe mâle.

Au surplus, ici, à défaut de l'aveu même des gens les moins habitués à faire abstraction d'un iota du Code civil, nous aurions bien d'autres preuves que ce fameux article, dans sa tête sinon dans sa queue, — *in cauda venenum* — est pratiquement nul, d'une nullité absolue, en tant qu'il paraîtrait gracieux pour la femme et onéreux pour le mari devenu une nouvelle providence. On n'a pas pu commenter le néant ; de là le laconisme de la prescription apocalyptique — à lui seul bien concluant : Les législateurs, après avoir érigé le protectorat, n'ont rien trouvé à en dire, sinon qu'il existait, de sorte qu'on eût pu, en l'honneur de ce nouveau mythe, écrire, comme au fronton du temple Θεω ιγνοτω, au Dieu inconnu. Quant à la contrepartie de la protection due, elle n'était point nominale celle-là, non certes. Elle a reçu de magnifiques développements dans treize arti-

cles fondamentaux, treize articles-principes ;
marque qu'il y avait un beau champ aux com-
mentaires. L'obéissance de la femme était, pa-
raît-il, une grande idée, si la protection du
mari était une conception mort-née. Celle qu'on
liait dans un long chapitre, avait pour refuge
un bout de phrase perdue.

Veut-on une autre démonstration ? Qu'on
ouvre un recueil d'arrêts, un code annoté —
peu importe — à cet article 213, pour décou-
vrir ce que la pratique de chaque jour y a puisé
de solutions et de conséquences judiciaires.
C'est encore néant quant à la première phrase ;
c'est un monde pour la seconde. Quand il
s'agit d'obéir pour l'un, il y a toujours de l'à-
propos et de l'intérêt ; quand il s'agit de protéger pour l'autre, tout se dérobe : on cherche
à la loupe quelque décision originale et excen-
trique, et c'est peine inutile. Tout compte fait,
cela s'explique : cette proclamation platonique
d'une providence improvisée est même bonne
à retenir. Elle montre qu'à certaines époques,
il y a comme des pudeurs sociales, et des in-
justices embarrassées d'elles - mêmes. Cette
création antédiluvienne d'un nouvel *homme-*

*lige* obtenue par l'abdication qu'on exigeait de la femme, a paru si monstrueuse qu'on n'a cru pouvoir la faire passer que par un mensonge, qu'on n'a osé s'en tirer que par une imposture.

Nous ne croyons plus à notre propre autorité, puisque nous lui demandons ses titres — peu importe que ce soit en les forgeant par une duperie; — de même qu'on n'a plus la foi dès qu'on veut la sonder.

Nous ne sentons plus notre conscience en repos, puisque nous nous payons de mots, ce qui est une façon d'user de réticences : et si, enfin, il est vrai que l'hypocrisie est un hommage rendu à la vertu, la duplicité législative de l'homme est un hommage rendu à la grandeur de la femme. C'est avouer qu'elle n'a pas ce qu'elle mérite ou qu'elle mérite mieux qu'elle n'a.

# APPENDICE

## (Extrait du journal *Le Figaro* du 18 mars 1879)

Les juges de la 8° chambre correctionnelle ont eu à statuer, ces jours derniers, sur une triste affaire d'adultère.

Un sieur Berdier, qui paraît avoir un bien mauvais caractère, a cité devant le Tribunal sa femme et son complice, un nommé Lorr. Ce dernier a été surpris en flagrant délit avec M<sup>me</sup> Berdier. Il a été laissé en liberté, mais M<sup>me</sup> Berdier a été enfermée à Saint-Lazare.

L'affaire a été appelée une première fois, le 20 février dernier. Mais M<sup>me</sup> Berdier n'a pas comparu. Elle a fait présenter un certificat de Saint-Lazare, établissant qu'atteinte d'une grave maladie de poitrine, elle était hors d'état de se présenter.

Quelques jours plus tard, M. le Président de la 8° chambre recevait la touchante lettre qui suit :

St-Lazare, ce 5 mars 1879.

Monsieur le Président,

Pardonnez-moi, s'il vous plaît, si je me permets de vous écrire ces quelques lignes. N'ayant pu aller à mon jugement qui était le 20 février, comme étant très mal, vu que je suis atteinte de la poitrine, et, en ce moment me trouvant un peu mieux, je viens vous prier de me faire passer mon jugement le plus tôt possible, dans la crainte de ne pouvoir y aller.

Je compte sur votre bienfaisance.

Votre humble servante,<br>
Femme Berdier, à l'infirmerie.

L'affaire a donc été appelée de nouveau samedi dernier.

Quand l'huissier a crié : « Berdier, contre femme Berdier », la porte du couloir qui mène au banc des détenus s'est ouverte, et l'on a vu apparaître une sorte de fantôme soutenu par deux gardes. M^me Berdier s'est laissée tomber plutôt qu'elle ne s'est assise, montrant un visage couvert d'un masque livide, terreux, et faisant entendre une toux creuse, résonnant comme des coups de pioche au fond d'une cave.

**M. le Président.** — Restez assise et bornez-vous à répondre à mes questions. Reconnaissez-vous les faits qui vous sont imputés ?

**La femme Berdier** (faiblement). — Oh ! de grand cœur... Oui, j'ai trompé mon mari... (d'une voix éteinte) mais ce n'est pas ma faute !

Elle ferme ensuite les yeux, et la toux caverneuse recommence.

**M. le Président** (au mari). — Berdier, est-ce que vous persistez dans votre plainte?

**Le mari** (avec dureté). — Certainement.

**M. l'Avocat de la République Potier.** — Regardez donc votre femme; vous vous rappelez bien dans quels termes était conçu le certificat du médecin; vous voyez bien que ce n'est pas là une comédie que votre femme joue devant nous. Vous savez qu'elle-même a écrit à M. le Président pour obtenir qu'on avançât la date de son jugement, dans la crainte — vous entendez bien — dans la crainte de ne pouvoir comparaître plus tard. Elle n'a qu'une idée : celle d'aller auprès de sa mère; ne voulez-vous pas retirer votre plainte?

**Le plaignant.** — Moi, monsieur, ce que je désire, c'est ma séparation.

**M. l'Avocat de la République.** — Cela ne vous empêche pas de vous désister; vous voyez bien l'état dans lequel est votre femme, j'imagine.

Ici intervient Mᵉ Bouillon, l'avocat de la malheureuse poitrinaire :

**Mᵉ Bouillon** (au mari). — Voyons, voulez-vous vous désister? Décidez-vous.

**Le plaignant.** — Eh bien!... je me désiste... Mais je ne la reprendrai jamais, non, jamais !

**M. l'Avocat de la République.** — Votre désistement n'est pas recevable en ces termes.

**M. le Président.** — Désistez-vous purement et simplement. Voyons, répondez oui ou non. Persistez-vous dans votre plainte?

**Le plaignant.** — Oui, j'y persiste… Moi, je ne veux pas la reprendre, je veux ma séparation.

L'auditoire murmure. La malade reste sur son banc, immobile, les yeux fixes, démesurément ouverts, comme si la vie allait lui échapper.

Me Bouillon explique alors la situation de la pauvre femme. Pendant six ans, elle a été une épouse fidèle ; son mari la maltraitait souvent, passait des journées et des nuits dehors, lui prenait son argent, qu'il dépensait avec des filles. Les deux époux ont dû se quitter plusieurs fois, soit à la suite de querelles violentes, soit parce que la femme entrait à l'hôpital. Revenant un jour au domicile conjugal, la femme Berdier n'y trouva plus ses effets qu'elle y avait laissés ; son mari lui dit qu'on les lui avait volés, mais il les avait donnés à une de ses maîtresses. (1)

---

(1) Tout cela lui est permis, en effet. Article 1421 du Code civil : « *Le mari administre seul les biens de la communauté. — Il peut les vendre, aliéner et hypothéquer sans le concours de la femme.* » Article 339 du Code pénal : « *Le mari qui aura entretenu une concubine dans la maison conjugale* (celui-là seulement) *sera puni d'une amende de cent francs à deux mille francs.* »

Ces deux articles séparés l'un de l'autre dans le recueil de nos lois, ne sont-ils jamais réunis dans la pensée de celui à qui ils font la partie si belle? Nous ne voudrions pas dire que le législateur de 1804 et de

Enfin, après être resté un mois dehors, Berdier, ouvrier serrurier, avait amené chez lui un camarade avec lequel il avait travaillé à l'Exposition. C'était le nommé Lorr, qui prit pension chez eux. Le mari exprimait souvent devant lui des doutes sur la validité de son mariage, contracté pendant la Commune.

La femme Berdier affirme qu'elle n'était nullement coupable quand son mari, pour se débarrasser d'elle, fit semblant de croire qu'il la surprenait en flagrant délit avec Lorr. C'est Berdier lui-même qui l'avait envoyée chercher des effets déposés dans la chambre de celui-ci. Il mit sa femme à la porte, et cette malheureuse, malade, mourant de faim, après avoir erré trois jours dans Paris, alla demander l'hospitalité à Lorr ; c'est alors seulement que s'établirent entre lui et elle des relations coupables. Aujourd'hui que demande-t-elle ? La faveur d'aller mourir chez sa mère.

Après ce récit, qui émeut profondément l'audi-

---

1810 ait eu l'intention de favoriser la débauche du mari, qui était déjà, par l'article 339, à peu près sans danger pour lui, en lui en fournissant les moyens par l'article 1421 ; ou à l'inverse, qu'il ait de gaieté de cœur exposé le patrimoine de la femme en offrant tant de tentation au gérant ; mais vraiment les deux dispositions produisent ensemble un tel résultat qu'on les croirait faites l'une pour l'autre.

toire, M. l'Avocat de la République insiste auprès du mari pour obtenir son désistement.

— Non, répond-il brutalement, quand je vous dis que je ne la reprendrai pas !

Nouveaux murmures dans l'assistance.

**M. l'Avocat de la République.** — En présence de la volonté du mari, nous sommes malheureusement forcé de demander l'application de la loi, mais nous prions le Tribunal de le faire avec la plus grande indulgence (1).

Le Tribunal a condamné M^me Berdier à six jours de prison, et son complice à quinze jours de la même peine.

La pauvre femme vivra-t-elle assez pour payer sa dette à la loi ?

---

(1) L'article 337 du Code pénal, en effet, dans son second paragraphe, ne permettait de renvoyer la femme de la plainte qu'au cas où le mari consentirait à la reprendre. Belle ressource pour elle ! Mais franchement, qui faut-il plaindre le plus ici, de cette misérable, victime de pareilles dispositions légales, ou des juges chargés de les appliquer ?

# TABLE DES MATIÈRES



Paris-Imp. PAUL DUPONT, 4 rue Jean-Jacques Rousseau   2002.7.79